Chrome拡張

×

ChatGPT

で作業効率化

ChatGPTの機能をGoogle Chromeに取り込むChrome拡張

はじめに

　多彩な機能によって急激に活躍の場を広げる「ChatGPT」ですが、PCで利用する際にはいちいちブラウザから「ChatGPT」にアクセスする必要があるなど、機能以前の部分で余分な手間が必要です。

　しかし、「Google Chrome」の「拡張機能」を使うことで、Googleの検索画面やYouTubeの画面から直接ワンクリックで「ChatGPT」の機能を使えるようになります。

　また、「ChatGPT」の音声操作やWeb上の情報を回答に反映させるなど、「ChatGPT」と「Chrome拡張」を組み合わせることで、「ChatGPT」を通常よりも便利に使うことができるのです。

＊

　本書では、そういった「ChatGPT」での作業を効率化する「Chrome拡張」を紹介しています。

　本書がより良い「ChatGPTライフ」の助けとなれば幸いです。

I/O編集部

Chrome拡張×ChatGPT で作業効率化

CONTENTS

第1章

「ChatGPT」のはじめ方

最近は「AI」の話題が尽きませんが、特に「ChatGPT」は、聞いたことがある人も多いでしょう。

ここでは、「ChatGPT」の「はじめ方」と「使い方」を解説します。

本章を読めば、「ChatGPT」について、一通り分かると思います。

筆者	杉山順平
サイト名	「じゅんぺいブログ」
URL	https://junpei-sugiyama.com/chatgpt/
記事名	ChatGPTの始め方・使い方・料金プランを徹底解説【サンプル付き】

1-1　　「ChatGPT」とは？

「ChatGPT」は、「OpenAI」という企業が開発し、2022年11月30日にプロトタイプとして公開した、「人工知能チャットボット」と呼ばれるサービスです。

2023年2月に「ChatGPT Plus」がリリースされ、さらに2023年3月15日には性能が向上した「GPT-4」がリリースされました(いずれも「有料プラン」)。

「有料プランだと」、アクセスが集中したときにも優先的にアクセスできたり、機能数も多く高精度になります。

```
[ChatGPTの歴史]
2022年11月30日：ChatGPT プロトタイプ公開
2023年2月1日：ChatGPT Plus公開(有料版)
2023年3月15日：GPT-4公開(有料版)
```

1-2 料金プランは「無料版」と「有料版」の二択

料金プランは1つだけなので、「無料版」か「有料版」の二択となります。

「ChatGPT」の料金プラン

Free plan	ChatGPT Plus
無料	月額20ドル
アクセスが少ないときに利用可能	アクセスが多くても利用可能
標準的な応答速度	より速い応答速度
定期的なモデルアップデート	新機能への優先アクセス

※20ドルは、2023年6月30日時点のレートだと約2,870円です。

スマホから契約すると日本円で3,000円となるので、2023年6月30日時点のレートだと、パソコンから加入したほうが少し安くなります。

スマホからの有料プラン画面

■支払い方法

支払い方法は「クレジットカード」のみとなっています。

また、2023年6月時点では「年額制」はなく、「月額制」で自動更新となっているので、解約したい場合は次の決済前にプランをキャンセルする必要があります。

■「無料版」と「有料版」の違い

「無料版」と「有料版」の違いは先ほどの表を見ればだいたい分かると思います。

大きな違いとして、「無料版」の使用モデルは「GPT3.5」ですが、「有料版」は最新モデルの「GPT-4」です（2023年6月30日時点）。

この「GPT-4」は、「GPT3.5」と比べるとはるかに高性能となっています。

*

先ほどの表と合わせて簡単にまとめると、「有料版」は「無料版」と比べて以下のようになります。

・アクセスが集中してるときでも優先的に使える

・処理速度が速い

・回答が高精度

・新機能が使える

よって、たまに使う程度であれば「無料版」でいいかもしれませんが、毎日使うようであれば「有料版」にしたほうがいいでしょう。

1-3 「ChatGPT」のはじめ方と登録方法

手 順

[1] まずは、「公式サイト」にアクセスしましょう。

ChatGPT公式サイト
https://openai.com/blog/chatgpt

[2] 左下の【Try ChatGPT】をクリック。

【Try ChatGPT】をクリック

[3] アカウントをもっていない人は、右の【Sign up】をクリック。

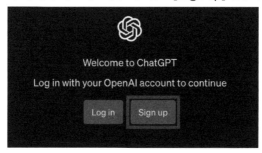

【Sign up】をクリック

[4] そして、「メールアドレス」か「Googleアカウント」などで登録します。

Create your account

Note that phone verification may be required for signup. Your number will only be used to verify your identity for security purposes.

Email address

Continue

Already have an account? Log in

――――― OR ―――――

G Continue with Google

▦ Continue with Microsoft Account

🍎 Continue with Apple

「メールアドレス」や「Googleアカウント」などで登録

　「メールアドレス」で登録する場合は、「メール受信 → 名前・生年月日入力 → 電話番号認証」など、手順が多いので、「Googleアカウント」をもっているなら「Googleアカウント」での登録をお勧めします。

[5] 登録が完了すると画面が切り替わるので、右下の【Next】→【Next】→【Done】をクリックしましょう（「利用規約」みたいなものです）。

【Next】をクリック

【Next】をクリック

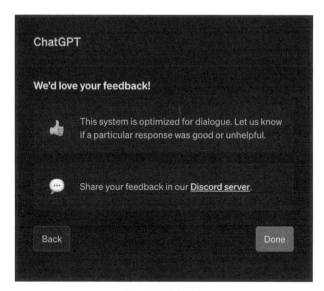

【Done】をクリック

*

こちらがメイン画面となります。

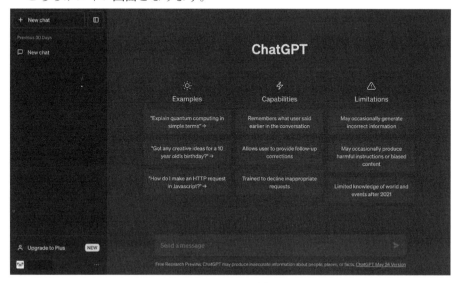

ChatGPT メイン画面

■スマホで始める方法

　先ほどはパソコンのChromeで登録する方法を解説しましたが、スマホでも同様の手順で始められます。

　iPhoneの場合はアプリがあるので、iPhoneならそちらのほうがいいでしょう。

ChatGPTアプリ

1-4 「ChatGPT Plus」にアップグレードする方法

手　順

[1]「無料版」から「有料版」の「ChatGPT Plus」にアップグレードするには、画面左下の【Upgrade to Plus】をクリックします。

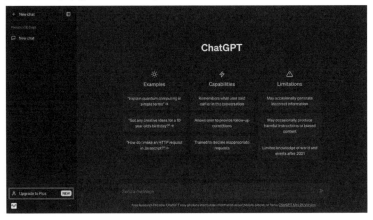

【Upgrade to Plus】をクリック

[2] プランが表示されるので【Upgrade plan】をクリック。

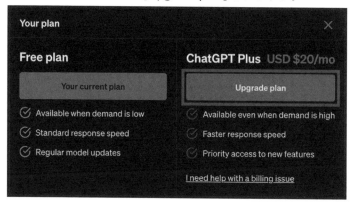

【Upgrade Plan】をクリック

すると、登録している電話番号あてにSMSが届きます。

SMSが届く

[3] ここで「確認コード」を確認して入力します。

「確認コード」を入力

私の場合はクレジットカードがすでに選択されていました。

[4] チェックボックスにチェックを入れて、【申し込む】をクリック。

メールアドレ
ス

支払い　VISA ‥‥

🔒 安全でセキュア　　　link

You'll be charged the amount listed above every month until you cancel. We may change our prices as described in our Terms of Use. You can cancel any time. By subscribing, you agree to OpenAI's Terms of Use and Privacy Policy

申し込む

Link 以外の方法で購入する

チェックを入れて、【申し込む】をクリック

あとは、人間である証明のために、チェックを入れます。

閉じる

完了まであと1ステップです
以下のチェックボックスを選択してください。

I am human

hCaptcha
Privacy - Terms

チェックを入れる

[5] この画面が表示されたら完了です。

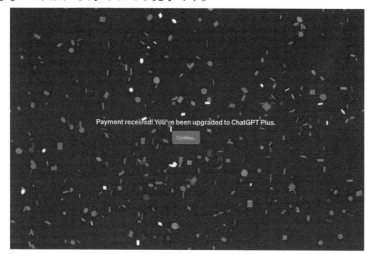

有料版加入完了

＊

こちらが「ChatGPT Plus」の画面です。

「ChatGPT Plus」の画面

「無料版」とはちょっと違いますね。
上のタブで「GPT-3.5」と「GPT-4」を切り替え可能です。

「GPT-3.5」と「GPT-4」の切り替え

1-5 「ChatGPT」の使い方

使い方はいたってシンプルで、文章入力欄 (**次図**の枠線内) に文章を入れて
[Enter] キーを押すか、「矢印」をクリックするだけです。

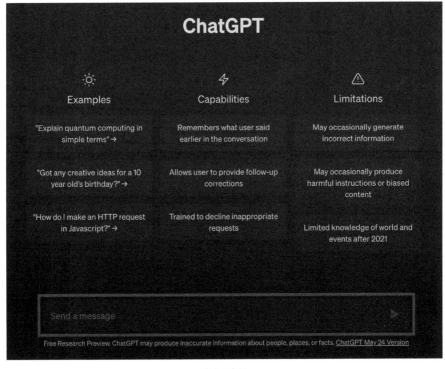

文章入力欄

文章を入力すると、「矢印」がクリックできるようになります。

テキスト入力

回答がこちらです。

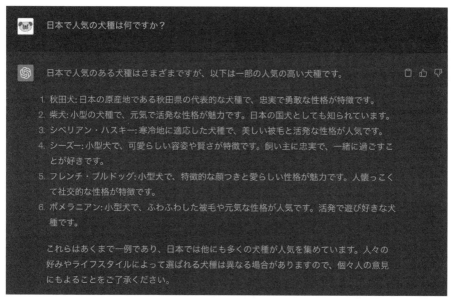

回答

「日本で人気の犬種は何ですか？」という問いに対して、犬種だけでなくその特徴も回答してくれました。

ちなみに、これは「無料版」です。

■「スマホアプリ」での使い方

アプリでも使い方は同じです。

入力画面(左)、文章入力(右)

*

ただし、アプリの場合は「音声入力」も可能です。

入力欄の右をタップすれば、「音声入力」が開始されます。

音声入力ボタン(図の枠内)

止めるときは、青い部分(画面下部)をタップすればOKです。

音声入力中

こちらが回答です。

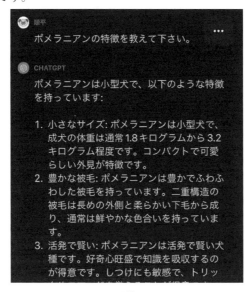

回答

そして右上の【…】をタップするとメニューが開きます。

メニューボタン

メニュー

それぞれの内容は、以下になります。

・Share chat	シェア
・Rename	保存タイトル編集
・Delete	削除
・History	履歴
・Settings	設定
・New chat	新規作成

ちなみに、「履歴」はブラウザと共有なので、ブラウザの履歴も含まれます。
さらに、ブラウザもアプリ同様、同じ質問をしても回答は毎回異なります。

第2章

「ChatGPT」を Googleの検索画面で使う

本章では、「ChatGPT for Google」の使い方や、使ってみて実際どうだったか、ここは気を付けたいポイントなどについて解説します。

筆者	chaso
サイト名	「prtn-blog」
URL	https://prtn-life.com/blog/chatgpt-for-google
記事名	【もはやBing】Google検索にChatGPTを表示する【ChatGPT for Google】

2-1　　　　導入方法

■「拡張機能」とは？

「拡張機能」というのは、もともと「Google Chrome」に搭載されている機能に追加で搭載できる機能のことです。

「拡張機能」には、「ブラウザのページ全体をスクリーンショットする機能」や「Gmailの通知をしてくれる機能」、「文章にカーソルを合わせると即時翻訳してくれる機能」など、さまざまな機能が使えるようになっています。

■料金と登録などの有無について

料金は、ほとんどの「拡張機能」は無料です。
ここで紹介する「ChatGPT for Google」も、無料で使えます。
特別な登録なども不要です。

ただし、「拡張機能」を「Chrome」に追加する場合は、「Googleアカウント」にログインしている必要があります。

　「シークレットウインドウ」や「ゲストウインドウ」で開いている場合も、「拡張機能」を追加することはできません。

図2-1-1　「シークレットウインドウ」や「ゲストウインドウ」で開いている場合は、【追加ボタン】が「不活性」となり追加できない

＊

　「ChatGPT for Google」は、「Google Chrome」の拡張機能です。
　「Firefox」や「Edge」などの他のブラウザからはダウンロードできません。

　なので、「Google Chrome」をまだダウンロードしていない方は、「Google Chrome」のダウンロードページ(https://www.google.com/intl/ja_jp/chrome/)からダウンロードしてください。

2-2　「ChatGPT for Google」を「Chrome」に追加する

「Google Chrome」の検索窓に「ChatGPT for Google」と入力して検索します。

図2-2-1　「ChatGPT for Google」を検索

いちばん上に出ている「ChatGPT for Google」を選択します。

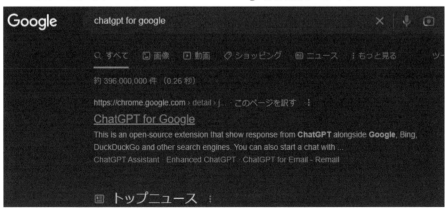

図2-2-2　「ChatGPT for Google」を選択

　もし、検索結果に表示されない場合は、「chrome ウェブストア」から「ChatGPT」で検索してみてください。

図2-2-3　「ChatGPT」で「chromeウェブストア」を検索すると（上）、
候補として出てくる（下）

【Chromeに追加】を押下します。

図2-2-4　【Chromeに追加】を押下

【拡張機能を追加】を押します。

図2-2-5　【拡張機能を追加】を押下

画面下のほうに「crxファイル」が表示されます。

　これは、拡張機能のインストールファイルなので、特に何もしなくて大丈夫です。

図2-2-6 拡張機能のインストールファイルが表示される

■拡張機能がインストールされたことを確認する

拡張機能が正しくインストールされたかを確認するには、Chromeの右上の
ジグソーパズルのようなマークを押します。

図2-2-7 ジグソーパズルのようなマーク(図上の枠内)を押す

いちばん上に、「ChatGPT for Google」が表示されていることを確認できた
ので、これでOKです。

2-3　初回は「ChatGPT」へのログインが必要

初回実行時は、「ChatGPT」にログインする必要があるようです。

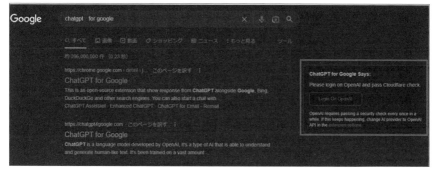

図2-3-1　「ChatGPT」へのログインが必要

【Login On OpenAI】を押下すると「ChatGPT」に遷移し、その後「ChatGPT for Google is Ready!」と表示されました。

図2-3-2上手く導入できれば「ChatGPT for Google is Ready!」と表示される

2-4　拡張機能の詳細設定

ここからは、「拡張機能の詳細設定」について説明します。

＊

詳細設定はしなくても問題ないので、デフォルト設定のまま使う場合は、この手順は不要です。

手　順

[1] 「Google Chrome」の右上にあるパズルのようなマークを押して、「ChatGPT for Google」の右側にある【：】を押します。

図2-4-1【：】を押す

[2] 【拡張機能を管理】を押します。

図2-4-2　【拡張機能を管理】を押す

[3] ページの下のほうにある【拡張機能のオプション】を押下します。

図2-4-3　【拡張機能のオプション】を押す

すると、「Options」という画面が開きます。

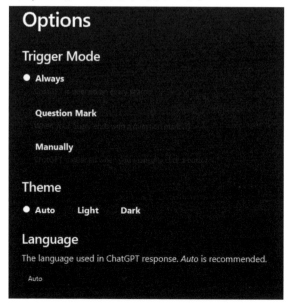

図2-4-4　「Options」という画面が開く

■Trigger Mode：「チャットモード」の設定

「Trigger Mode」では、「チャットモード」の設定を変更できます。
デフォルトは「Always」となっています。

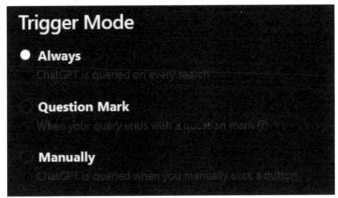

図2-4-5　Trigger Mode

各オプションの詳細は以下のとおりです。

表2-4-1　オプションの詳細

オプション	説　明
Always	検索したら常にチャットの応答も行なう
Question Mark	検索ワードの末尾が「？」になっていたらチャットの応答を行なう
Manually	ボタンを押したときだけチャット応答を行なう

＊

　Google検索を頻繁に行なう方や、検索するたびに毎回チャットの応答が生成されるのは嫌だという方は、「Manually」のほうがいいかもしれません。

　「Manually」に設定すると、チャットエリアは**図2-4-6**のように「Ask ChatGPT for this query」と表示され、ここをクリックすることでチャット応答が始まります。

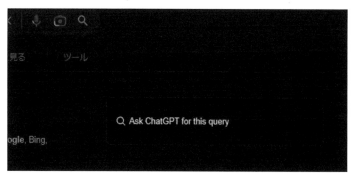

図2-4-6　「チャットエリア」をクリックすると応答文の生成がはじまる

■Theme：画面のテーマを変更

「**Theme**」では、画面のテーマを変更できます。

*

デフォルトは「Auto」です。

図2-4-7は「Light」に変更した画面です。

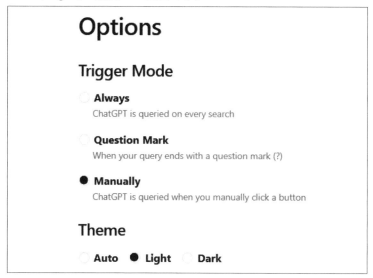

図2-4-7　Theme

■AI Provider：「チャット機能の提供元」を選択

「**AI Provider**」では、「チャット機能の提供元」を選ぶことができます。

●ChatGPT Webapp：Web版のChatGPTを使うモード

デフォルトは「**ChatGPT webapp**」となっています。

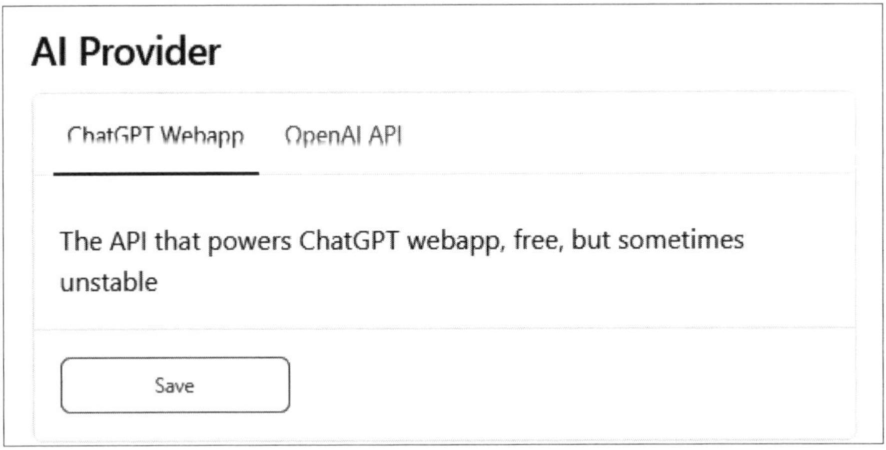

AI Provider

ChatGPT Webapp　　OpenAI API

The API that powers ChatGPT webapp, free, but sometimes unstable

Save

図2-4-8　ChatGPT webapp

図中の文章を訳すと、

ChatGPTのウェブアプリを動かすAPIは無料ですが、ときどき不安定になります。

と書いてあります。

「ChatGPTのWebアプリ」とは、皆さんが普段使っている「ChatGPT」の画面です。

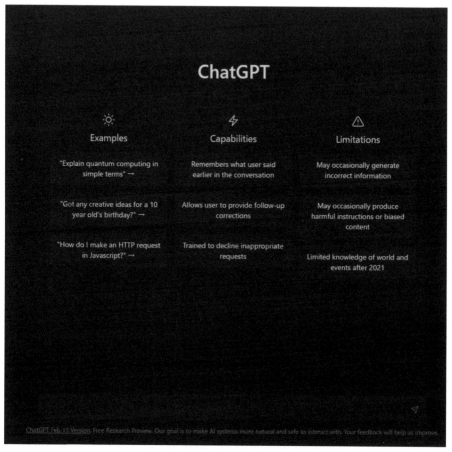

図2-4-9 「ChatGPTのWebアプリ」とは、この画面のこと

　「ChatGPT」は利用者が多く、特に負荷のかかる時間帯は使えなくなったりします。

　それに対して、「OpenAI API」というのは、「ChatGPT」のAPIです。

●OpenAI API：APIを使うモード

「OpenAI API」では、APIを使ってチャットを表示します。

＊

「Model Type」では、搭載するモデルを選択します。

モデルというのは「OpenAI」の言語モデルのことで、「ChatGPT」のAPIには「gpt-3.5-turbo」という言語モデルが搭載されています。

「davinci」も選べますが、ここは「gpt-3.5-turbo」のままでいいと思います。

表2-4-2　選択できる言語モデル

モデル	説　明
Chat Model (gpt-3.5-turbo)	「gpt-3.5」の最も高性能なモデル
Text Model (text-davinci-03)	「gpt-3.5-turbo」が登場する前は最も高性能だったモデル

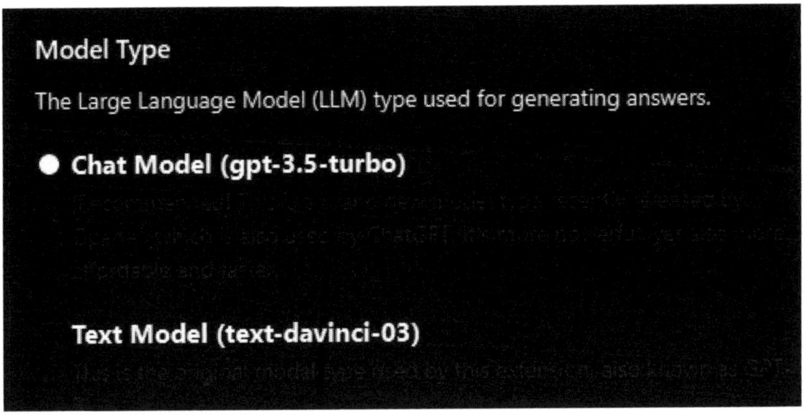

Model Type

The Large Language Model (LLM) type used for generating answers.

● **Chat Model (gpt-3.5-turbo)**

Text Model (text-davinci-03)

図2-4-10　Model Type

＊

「Prompt Guide」では、「プロンプト・ガイド」を選択します。

「プロンプト・ガイド」とは、「ChatGPT」に質問を投げる際に、ユーザーが入力したメッセージに合わせて内部で付加されて送られるテキストのことです。

表2-4-3 「プロンプト・ガイド」の種類

モデル	説　明
Default Prompt Guide	質問に対して220程度のトークンを付加する
Simple Prompt Guide	質問に対して35程度のトークンを付加する コストは低いが精度も低い

　たとえば、「ChatGPT」に「chasoランドのキャッチフレーズを考えて」と質問すると、回答として以下のように返ってきます。

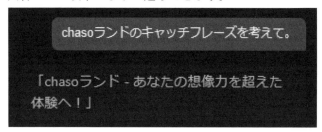

図2-4-11　特に補足せず質問した場合

　続いて、chasoランドについての情報を含めたうえで「ChatGPT」に同じ質問をすると、以下のような回答が得られました。

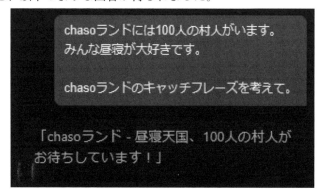

図2-4-12　補足情報を入れて質問した場合

　上記の例ではユーザー入力で補足情報を付与した形ですが、「プロンプト・ガイド」を選択しておくと、「内部でどのくらい補足情報をつけるか」という設定ができます。

■「APIキー」の発行方法と注意点

APIを使うには、OpenAI側で「APIキー」※を発行しておく必要があります。

発行した「APIキー」を【API key】に貼り付け、保存すると「APIモード」で
チャットができるようになります（見た目は変わりません）。

図2-4-13 「APIキー」を使うと「APIモード」でチャットができる

なお、「APIモード」は完全無料ではなく、無料クレジット分が終了すると「従
量課金制」になります。

そこまでヘビーに使うつもりがなければ、「Webappモード」にしておくこと
をお勧めします。

※「APIキー」の発行方法は、以下の記事の「ChatGPT APIの使い方」という章で
解説しています。
【初心者向け】ChatGPT APIとは？料金・使い方/GASのサンプルコードで解説
https://prtn-life.com/blog/chatgpt-api#toc8

2-5 「Bing AI」との比較

「Bing AI」の特徴としては、応答文の参照元となるページが明記されていることが挙げられます。

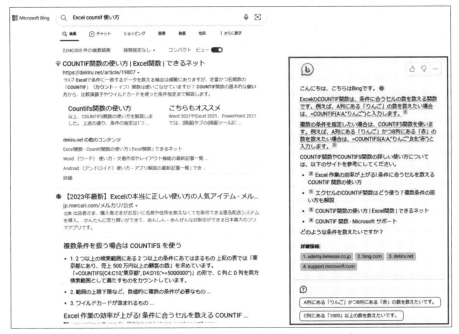

図2-5-1 「Bing AI」には、基本的に応答文の参照元ページが明記されている

チャットの応答文の内容が本当かどうかを確かめたいときに、リンクから確認できるのは便利です。

ただ、「Bing AI」は、検索キーワードによってはAI応答がない場合があり、その場合はチャット画面に移動する手間が発生します。

「ChatGPT for Google」では、エラーを除きチャット応答は100%返ってきました。

2-6 「ChatGPT」との比較

「ChatGPT for Google」と「ChatGPT」では、応答文に大きな差はありません。

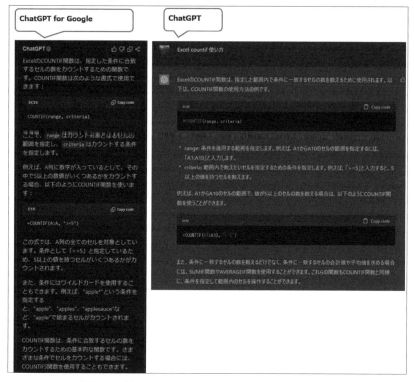

図2-6-1 「ChatGPT for Google」と「ChatGPT」の応答文

＊

ただ、搭載している言語モデルは「ChatGPT」が「GPT-3.5」、「ChatGPT for Google」は「GPT-3.0」です（参照：https://github.com/wong2/chatgpt-google-extension）。

そのため、質問によっては応答に質の差が生じる可能性があります。

とはいえ、いくつか質問した中では、特に大きな差は感じられませんでした。

2-7　　　　注意点

「ChatGPT for Google」を使う上での注意点を以下に記載します。

■「ChatGPT」と「ChatGPT for Google」は同時に利用できない

初回実行時に「ChatGPT」でログインする手順を踏みましたが、アカウント
は「ChatGPT」と「ChatGPT for Google」で共通のアカウントになります。

そのため、「ChatGPT」と「ChatGPT for Google」を同時に使うことはできま
せん。

「ChatGPT」で応答が返ってきている最中にChromeでチャット機能を使お
うとすると、

> Failed to load response from ChatGPT:Only one message at a time. Please
> allow any other responses to complete before sending another message, or
> wait one minute.

と表示されます。

図2-7-1　「ChatGPT」と「ChatGPT for Google」は
同時に使えないという旨のポップアップが出る

その逆も同様で、Chromeでチャット中に「ChatGPT」は使えません。

また、複数ブラウザを立ち上げている場合、チャット応答が終了していても
このエラーが発生する場合があります。

その際は、使っていないブラウザをいったん閉じて、再度試してみてください。

■短時間に大量の検索をするとチャット回答が停止する

短時間に大量の検索をすると、

Failed to load response from ChatGPT:TOO_MANY_REQUESTS

と表示され、回答が停止します。

「ChatGPT」そのものが、大量の質問を投げるとしばらく使えなくなる仕様なので、こればっかりは仕方ありません。

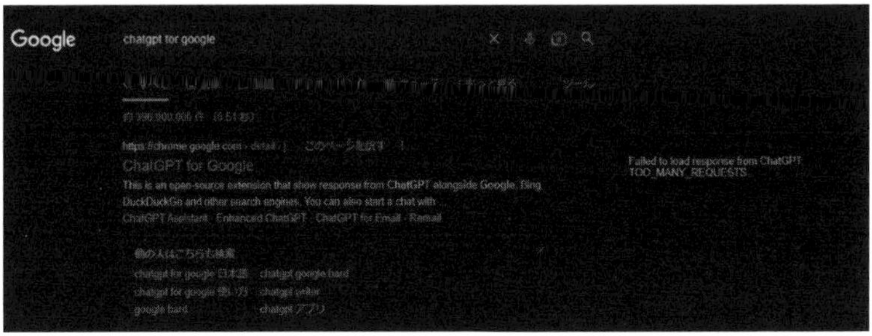

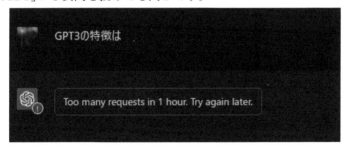

図2-7-2　大量に検索するとしばらく答えてくれなくなる

「ChatGPT」から質問を投げても同じです。

図2-7-3　「ChatGPT」でも同様

「ChatGPT for Google」と「ChatGPT」は同じアカウントで実行されるため、一方でこのエラーが出たら両方で使えません。

ブラウザを開き直しても、キャッシュクリアしても効果はありません。
しばらく待つか、「Bing AI」を使いましょう。

■回答が英語になることがある

何回か使っているうちに、回答が英語になることがありました。

英語になってしまったときは、「ChatGPT」のチャット画面の右上にある【Stop Responding】を押していったん応答を止めます。

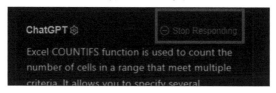

図2-7-4 【Stop Responding】を押す

そして、「日本語で」と入力して送信します。

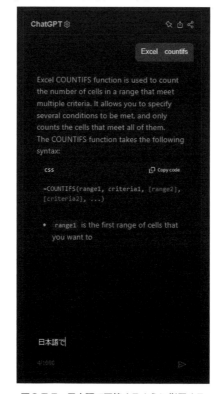

図2-7-5 日本語で回答するように指示する

こうすることで、日本語で回答が返ってくるようになります。

図2-7-6 回答が日本語に戻った

2-8 「ChatGPT for Google」の所感

「ChatGPT for Google」を使ってみて、普段から使い慣れている Google Chrome で「ChatGPT」が使えるのは便利に感じました。

「Bing AI」のように参照元が表示されないため、応答内容が本当に正しいかは別途調べる必要がありますが、Web版の「ChatGPT」ではできなかった「検索結果とチャット結果の同時表示」が可能になったので、より利便性が向上しました。

「Bing AI」でも同じことができるのですが、フォントのスパム感がどうしても気になります。

使い方によっては「ChatGPT」の利用制限に引っかかって一定時間使えなくなってしまうので、その点は注意が必要だと思います。

「どうしても今使いたい！」という場合は、APIモードも併せて利用するといいでしょう。

「APIモード」を利用する際は、トークン使用量を定期的に確認しつつ利用することをお勧めします。

拡張機能では「レスポンストークン」のサイズを設定できないので、長い応答文が返ってくる場合はトークンを消費してしまうためです。

＊

Googleで「ChatGPT」が使える便利な拡張機能「ChatGPT for Google」を、みなさんもぜひ試してみてください。

第3章

動画やウェブサイトを要約する

「ChatGPT – ウェブサイトとYouTube動画の要約」は、サイトや動画の内容を要約し、学習時間を短縮できる拡張機能です。

本章では、その「インストール方法」や「動画やサイトの要約法」を詳しく解説します。

筆者	まいちゃま
サイト名	「テクリエイト」
URL	https://mychma.com/ai-chatgpt-youyaku/2132/
記事名	効率的な情報収集を実現!「ChatGPT – ウェブサイトとYouTube動画の要約」でYouTube動画要約・ウェブサイト要約・設定のカスタマイズ

3-1　　インストール方法

「ChatGPT – ウェブサイトとYouTube動画の要約」は、「ウェブサイト」や「YouTube動画」の内容を短時間で把握するための、便利な「Chrome拡張機能」です。

＊

インストール方法は非常に簡単で、以下の手順で行なうことができます。

手 順

[1]「Chromeウェブストア」にアクセス

まず、「Chromeウェブストア」にアクセスし、ホーム画面から拡張機能のカテゴリに移動します。

[2] 拡張機能を検索

ウェブストアの「検索バー」に「ChatGPT – ウェブサイトとYouTube動画の要約」と入力して、検索してください。

または、以下のURLからも確認できます。

> ChatGPT - ウェブサイトとYouTube動画の要約
> https://chrome.google.com/webstore/detail/chatgpt-%C2%BB-
> summarize-every/cbgecfllfhmmnknmamkejadjmnmpfjmp/related?hl=ja

[3] Chromeに追加
　拡張機能のページが表示されたら、【Chromeに追加】ボタンをクリックします。

図3-1-1　【Chromeに追加】をクリック

[4] 確認画面で追加を許可
　「追加しますか?」という確認画面が表示されるので、【拡張機能を追加】ボタンをクリックして許可します。

[5] インストール完了
　「Chromeに追加されました」という表示が出ると、インストールが完了し、設定も完了です。

[6] 拡張機能のボタンからピン留め
　利用しやすくなるように、ピン留めしておきます。

図3-1-2　押しピンのアイコンをクリックすると(上)、ピン留めされる(下)

　これで、「ChatGPT－ウェブサイトとYouTube動画の要約」のインストールが完了しました。

3-2　拡張機能の基本的な使い方

　「ChatGPT – ウェブサイトとYouTube動画の要約」の基本的な使い方は、以下の通りです。

■YouTube動画の要約

　まずは、要約したいYouTube動画を開きましょう。

　ここでは、以下のニュース動画で試していきます。

【中継】観光客が戻ってきた！　混雑も戻ってきた…　JR京都駅にはバス待ちの長蛇の列　行楽の季節を前に観光都市・京都の課題【関西テレビ・newsランナー】
https://www.youtube.com/watch?v=1Cn6J-GEk_o

図3-2-1　今回要約するYouTube動画

　Chrome右上の、ピン留めしたボタンをクリックします。
　すると「Summarize」のタブに、要約された内容が「Summary（概要）」と「Facts（事実）」の二項目に分けて表示されます。

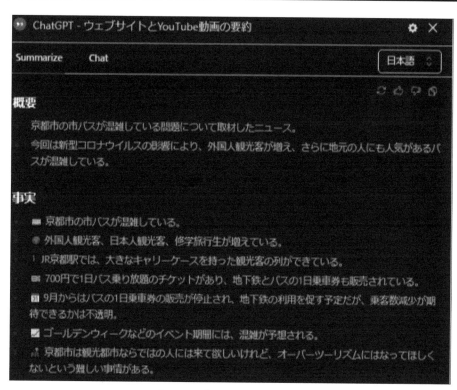

図3-2-2　動画の要約が表示される

■ウェブサイトの要約

　要約したいウェブサイトを開きましょう。

　今回は、以下のニュースサイト (ITmedia ビジネスより引用) の内容で試しています。

なぜ、セブンは300円「スムージー」を推しまくるのか　期待されている大きな役割
https://www.itmedia.co.jp/business/articles/2304/22/news039.html

なぜ、セブンは300円「スムージー」を推しまくるのか　期待されている大きな役割

⏱ 2023年04月22日 05時00分 公開　　　　　　　　　　　　　[昆清徳, ITmedia]

| 人 印刷 | 🐦 見る | f Share | B! 14 | ▽ | 💬 1 |

PR　なぜ「Windows 11」を"いち早く"導入した方がいいのか？
PR　「Win11への切り替えは今すぐ始めるべき」その理由とビジネスPCの選び方とは

　セブン-イレブン・ジャパンが「お店で作るスムージー」に注力している。2017年に一部店舗で販売を開始し、現在は約4000店舗まで拡大。24年2月末までに全国展開を予定している。背景に何があるのか。

図3-2-3　今回要約するニュースサイト

　Chrome右上のピン留めしたボタンをクリック。

　すると「Summarize」のタブに、要約内容が「Summary」と「Facts」に分けて表示されます。

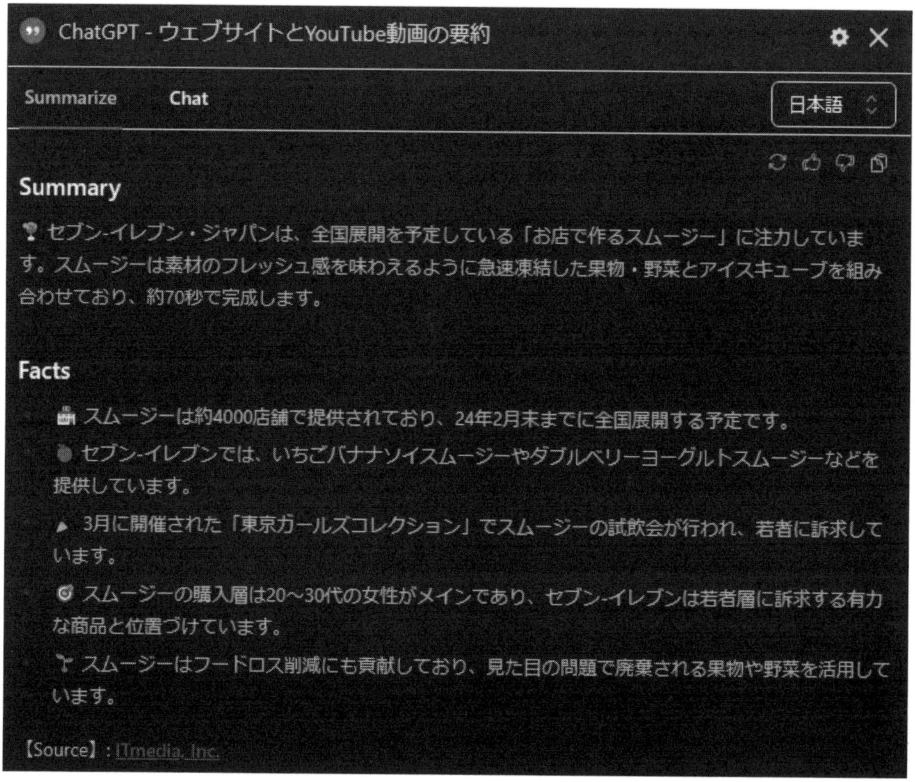

図3-2-4　サイトの要約が表示される

3-3　要約の内容をカスタマイズ

要約の内容は「カスタマイズ」することができます。

＊

　要約は「ChatGPT」にプロンプトを与える形で行なっているため、そのプロンプトを書き換えることで、要約内容を変更できます。

手 順

[1] Chrome右上の、ピン留めしたボタンをクリックします。

[2] 次に、右上の「歯車マーク」をクリックします。

図3-3-1　「歯車マーク」をクリック

[3] すると、設定画面が現われます。

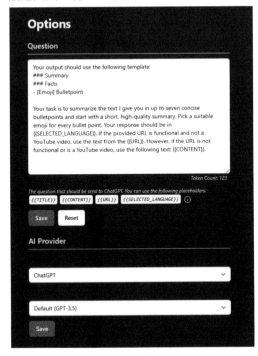

図3-3-2　設定画面

「Question」の内容を翻訳すると、以下のようになります。

出力は、以下のテンプレートを使用します：
要約
事実
- [絵文字] 箇条書き

あなたの仕事は、私が渡す文章を最大7つの簡潔な箇条書きにまとめ、短くて質の高い要約から始めることです。
すべての箇条書きに適した絵文字を選んでください。あなたの回答は{{SELECTED_LANGUAGE}}でお願いします。
提供されたURLが機能的でYouTube動画でない場合は、{{URL}}のテキストを使用します。
ただし、提供されたURLが機能的でない場合、またはYouTubeビデオである場合は、次のテキストを使用してください：{{CONTENT}}のテキストを使用します。

　これらの内容を書き換えることで、自分好みの「要約テンプレート」を作ることができます。

*

また、実際の内容を後から挿入する項目として、以下の内容が利用可能です。

表3-3-1　後から挿入できる項目

{{TITLE}}	アクティブなウェブサイトのタイトル
{{CONTENT}}	活動中のWebサイトのメインテキストコンテンツ
{{URL}}	アクティブなウェブサイトのURL
{{selected_language}}	この言語はポップアップの内部で直接変更できる

質問には少なくとも1つの「プレースホルダー」を含める必要があります。

*

その他にも、「ChatGPTを直接使うかAPIを利用するか」「モデルはどのモデルを利用するか」といった設定を行なうことができます。

※APIを利用する場合は、従量課金になるので、注意してください。

＊

「ChatGPT－ウェブサイトとYouTube動画の要約」は、効率的な情報収集や学習を実現するための素晴らしいツールです。

インストールから基本的な使い方まで、本章で解説した内容を参考に、ぜひ活用してみてください。

また、英語の動画要約を日本語に変換する手法もあるため、より幅広いコンテンツを学ぶことができます。

今後の情報収集や学習活動に、「ChatGPT－ウェブサイトとYouTube動画の要約」を取り入れて、効率的で充実した知識獲得を目指しましょう。

第4章

「メールの文面」を生成する

社外や社内への返信メールが自動で作成されたら最高ではないでしょうか。
本章では、そんなツールを紹介します。
メール返信が面倒くさいや新卒社会人、敬語が苦手な人にお勧めです。

筆者	きょろ
サイト名	「AIワークスタイル」
URL	https://ai-workstyle.com/ai-mailreply/#toc6
記事名	AIがメールへの自動返信を作成！【ChatGPT Writer】

4-1　「ChatGPT Writer」とは

　「ChatGPT Writer」は、Google Chromeの拡張機能として利用できる、「メールの自動返信ツール」です。

　このツールは、「OpenAI」が開発した自然言語生成モデル、「GPT-3」を使っており、人間らしい文章を生成することができます。

　図4-1-1は、「面接の候補日を提示するメールへの返信文」という設定で作成された文章ですが、この文面を作ったのが本章で紹介する「ChatGPT Writer」です。

```
時短王子 様
お世話になっております。

明日の面接の件ですが、以下候補日から
お時間いかがでしょうか。
ご確認ください。

　候補日1
　　6月10日　13：00
　候補日2
　　6月10日　17：00
　候補日3
　　6月10日　23：00

以上になります。
```

```
○様

お世話になっております。面接のご連絡ありがとうございます。
候補日をご提案いただき、誠にありがとうございます。

明日の面接の日程について、
候補日1の6月10日の13:00にお会いすることで承知いたしました。
お時間を調整いたしましたので、お約束いただければ幸いです。

詳細な場所や持ち物のご指示、
また面接の所要時間についてのご案内がございましたら、
事前にお知らせいただければ助かります。

何卒よろしくお願いいたします。

敬具
```

図4-1-1　人間が作った「面接の候補日を提示するメール」（右）と、
それに対して「ChatGPT Writer」が作った返信メール（左）

4-2　導入方法

「ChatGPT Writer」の導入方法は以下の通りです。

手　順

[1] Google Chrome を開き、右上のメニューから【その他のツール】→【拡張機能】を選択。

[2] 拡張機能ページの左上のメニューから【Chrome ウェブストアを開く】をクリック。

[3] 検索ボックスに「ChatGPT Writer」と入力し、検索結果から「ChatGPT Writer」を選択。

アイコンは、これが目印です

図4-2-1　「ChatGPT Writer」のアイコン

[4]【Chrome に追加】ボタンをクリックし、確認画面が表示されたら、【拡張機能を追加】をクリック。

＊

以上が、「ChatGPT Writer」の導入方法です。

導入が完了すると、Google Chromeの右上に下記の「ChatGPT Writer」のアイコンが表示されます。

図4-2-2　右上に「ChatGPT Writer」のアイコン（図中の枠内）が表示される

4-3 「ChatGPT Writer」で「返信文の作成」を自動化

「ChatGPT Writer」は、メールの自動返信文作成を行なうツールです。

＊

「Gmailで返信文作成を自動化する方法」は、以下の通りです。

手 順

[1] Gmail を開きます。

[2] 返信するメールを選択し、【返信】ボタンをクリック。

[3] 返信画面が表示されたら、「ChatGPT Writer」のアイコンをクリック。

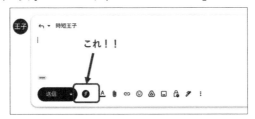

図4-3-1 「ChatGPT Writer」のアイコン(図中の枠内)をクリック

[4] 「ChatGPT Writer」のポップアップ画面が表示されます。

　ここで、指示内容や返信文のテンプレートや文体などを設定することが
できます。

図4-3-2 「指示内容」「返信文のテンプレート」「文体」などを設定

[5] 設定が完了したら、【生成】ボタンをクリック。

「ChatGPT Writer」は、設定に基づいて人間らしい文章を生成します。

図4-3-3　【生成】ボタンをクリック

[6] 返信文が出来上がります。

若干変ですが、当然、修正できます。

一から作るよりは、だいぶ楽です。

図4-3-4　出来上がった返信文

＊

以上が、「ChatGPT Writer」でGmailの返信文作成を自動化する方法です。

4-4　　　「ChatGPT Writer」で文章作成

「ChatGPT Writer」は、「メールの返信文作成」だけでなく、「文章作成」にも活用することができます。

文章作成時の使い方は、以下の通りです。

手　順

[**1**]「Google Docs」などの「文書作成ツール」を開きます。

[**2**]「文書作成画面」が表示されたら、「ChatGPT Writer」のアイコンをクリック。

[**3**]「ChatGPT Writer」のポップアップ画面が表示されます。
　ここで、文章作成時の「テンプレート」や「文体」などを設定できます。

図4-4-1　文章作成時の「テンプレート」や「文体」などを設定

[**4**]設定が完了したら、【生成】ボタンをクリック。
　「ChatGPT Writer」が、設定に基づいて人間らしい文章を生成し、文書に挿入します。

メンバー1: 皆さん、本日の議題はソフトバンク株式会社の概要についてです。ソフトバンク株式会社は、日本を拠点とする大手テレコムおよびインターネット関連企業です。

メンバー2: そうですね。ソフトバンクは1981年に創業され、創業者である孫正義氏が現在もCEOとして経営に携わっています。同社はグローバルな事業展開を行っており、携帯電話事業、インターネットサービスプロバイダ（ISP）事業、メディア・コンテンツ事業、金融事業など多岐にわたる事業を展開しています。

メンバー3: その通信事業では、ソフトバンクブランドで携帯電話やスマートフォンの提供を行っています。また、2013年には米国のテレコム企業であるスプリントとの合併を果たし、国際展開を強化しました。

メンバー1: さらに、ソフトバンクはインターネット関連事業でも大きな存在です。同社は、日本国内外でのインターネットサービスプロバイダ事業を展開しており、ブロードバンド接続やクラウドサービスなどを提供しています。

メンバー2: そうですね。そして、ソフトバンクはメディア・コンテンツ事業も手がけています。グループ会社としては、ソフトバンクメディアグループやソフトバンクテレビジョンなどがあり、映画・テレビ番組の制作・配信や出版事業などを展開しています。

メンバー3: 最後に、ソフトバンクグループは金融事業にも進出しています。ソフトバンクは、ソフトバンクグループ株式会社の親会社であり、ソフトバンク銀行やソフトバンク証券などの金融関連企業を傘下に持っています。

メンバー1: 以上がソフトバンク株式会社の概要ですね。テレコム、インターネット、メディア・コンテンツ、金融など幅広い事業領域で活動している大手企業です！何か質問や意見はありますか？

図4-4-2　出来上がった文章

＊

　以上が、「ChatGPT Writer」で文章を作成する際の使い方です。

　このツールは、「文章作成時におけるアイデア出し」や「表現力向上」に役立ちます。

4-5 注意点

　「ChatGPT Writer」は、非常に便利なツールですが、使う際にはいくつか注意点があります。

*

　「ChatGPT Writer」は、自然言語生成モデルの「GPT-3」を使っています。

　このモデルは、人間らしい文章を生成することはできますが、必ずしも正確な情報を提供するとは限りません。

　そのため、生成された文章については、必ず内容を確認してから使うように心掛けましょう。

*

　「ChatGPT Writer」は、Google Chromeの「拡張機能」として提供されています。

　そのため、Google Chrome以外のブラウザでは使用できません。

*

　「ChatGPT Writer」は、無料で利用できますが、一定期間ごとに「有料プラン」へのアップグレードを促すポップアップ画面が表示される場合があります。

　「有料プラン」へのアップグレードは任意です。

4-6 「ChatGPT Writer」と類似のAI自動返信ツール

「ChatGPT Writer」と類似したツールとして、「Grammarly」や「ProWriting Aid」「Hemingway Editor」などが挙げられます。

これらのツールも、「ChatGPT Writer」と同様に、「文章作成」や「校正」に活用することができます。

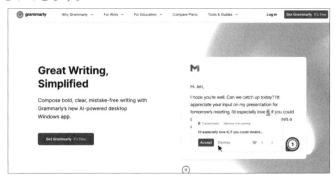

図4-6-1　Grammarly
文法やスペル、句読点の誤りを指摘し、修正案を提示するツール

図4-6-2　ProWritingAid
文章の構造や文体、語彙などを分析し、改善案を提示するツール

＊

以上が、「ChatGPT」で返信メールの作成を自動化する方法についての解説です。

「ChatGPT Writer」は非常に便利なツールなので、ぜひ活用してみてください。

第5章

音声で操作する

本章では「ChatGPT」と音声で会話できるようになるChrome拡張機能「TalkBerry」について解説します。

「ChatGPT」と音声で会話できると、異次元レベルに便利なので、ぜひ試してください。

筆者	吉元寿林
サイト名	「じゅりんHACK -IT情報館-」
URL	https://jyurin-hack.com/it/?p=9962
記事名	【驚愕】ChatGPTが音声で使える！無料の神ツール「TalkBerry」の使い方と活用法！｜Google Chrome拡張機能

5-1 「TalkBerry」のインストールと使い方

■「TalkBerry」のインストール

以下のURLから、Chrome拡張機能の「TalkBerry」をインストールします。使用ブラウザは「Google Chrome」です。

図5-1-1 「TalkBerry」のインストールページ

この「拡張機能」はインストールするだけでOKです。特に設定はありません。

TalkBerry – Talk To ChatGPT – Chrome ウェブストア
https://chrome.google.com/webstore/detail/talkberry-talk-to-chatgpt/facjh
gcdnbfghhbnmfjgkncnbimfdakb

■「TalkBerry」の使い方

「ChatGPT」を開くと、「**マイクの許可**」を求められるので「オン」にします。

これで「TalkBerry」を使う準備が完了しました。

＊

準備が終わると、「ChatGPT」のチャット入力欄の下に、「緑のボタン」（「日本語」と書かれている）が表示されるようになるので、ここをクリックして話しはじめればOKです。

話したことがテキストに変換されていきます。

図5-1-2　入力欄の下に現われる「緑のボタン」を押せば音声会話がスタートする。

テキストを送信するときには、[Enter]キーを押しましょう。

操作はとてもシンプルで、使いやすいです。

さらに、「ChatGPT」からの回答もスピーカー（またはイヤホン）から流れてくるようになります。

Column **オプション機能**

「言語」は、日本語を含めて「37言語」から選択できます。

また、ChatGPT音声の「再生速度」の調節が可能です（0.5～1.5倍速）。

「ミュート」の「オン／オフ」や、「音声の種類」も変更できます（日本語は「Google翻訳」と「kyoko」）。

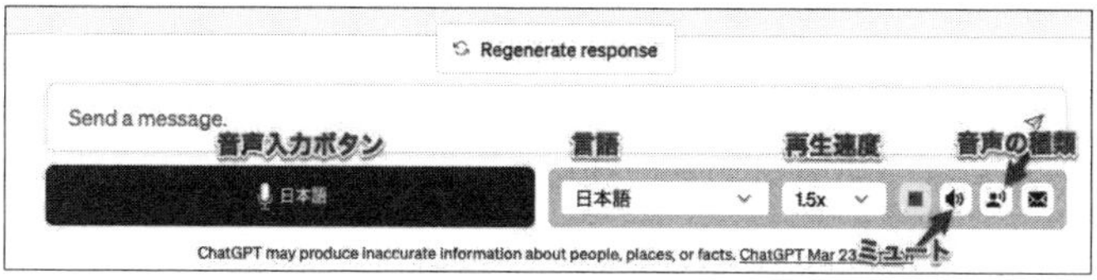

図5-1-3 「言語」「再生速度」「ミュート」「音声の種類」を変更できる

＊

とにかく、すごくシンプルで使いやすいのが「TalkBerry」の大きな特徴。

複雑な設定などは何もないので、使うにあたって迷うことは、まずないはずです。

5-2 音声会話の便利な活用例

■頭の中のアイデアを喋って整理してもらう

「とりあえず思いついたこと」などを、「ChatGPT」に喋って整理してもらう——という使い方が便利でした。

実際に、この章を書こうと思ったときに、頭の中で考えたことをザッと「ChatGPT」に喋って整理してもらったところ、非常にスッキリとまとまりました。

しかも、音声入力時に発生した誤字脱字も自動で修正してくれます。

とりあえず、頭の中にモヤモヤっとアイデアだけがある場合などに、音声入

力で「ChatGPT」にまとめてもらうと、考えが整理できます。

図5-2-1　「ChatGPT」にアイデアを整理してもらう

プロンプト例：

「今から話す内容を整理してまとめてください。…」

■語学学習

「ChatGPT」と音声で会話できるようになったら、英会話などの語学訓練において、まさに最強のパートナーになります。

こちらも英語で話しますし、「ChatGPT」も英語で返してくれるわけですから、これはとんでもないことです。
もちろん、他の言語のトレーニングもできます。

＊

AIを搭載した英語学習アプリ「**Speak**」なども人気ですが、あちらは有料です。
とりあえず、無料で似たようなことをしたければ、「TalkBerry」を使って「ChatGPT」と英会話のキャッチボールするのがいいのではないかと思います。

とりあえず、英会話初心者のぼくは「12歳レベル」でやってみました。

図5-2-2 「ChatGPT」に英会話の練習相手になってもらう

プロンプト例：

> 「今から英会話のトレーニングに付き合ってください。10回会話のキャッチボールをします。英会話のレベルは日本人の12歳程度でお願いします。あなたの返答は100文字以内で返してください。会話が終わったら、最後に今回の会話の良かった点、改善点を整理して教えてください。では始めます。まずはあなたから「How are you?」と話しかけてください。」

■視覚障害をもつ方に役立つ

　視覚障害をもつ方が「ChatGPT」を使う際にも、「TalkBerry」があるとかなり役立つと思います。

　特に、音声入力だけでなく、「ChatGPT」の返答を自動で読み上げてくれる点が、非常に便利でしょう。

5-3　想像以上に使える音声対話

　Chrome拡張機能「TalkBerry」があるだけで、「ChatGPT」の活用の幅がグッと広がります。

　声でやりとりできるというのは、想像以上に便利です。
　もちろんタイピングも使えるので、状況に応じてどちらでも使えるのはすごく役立ちます。

> 「ちょっと聞きたい、調べたい」
> 「とりあえず、思いついたアイデアをバーっと喋って整理してもらいたい」
> 「英会話の練習をしたい」

　どんな要望にでも、嫌な顔一つせずに付き合ってくれる優秀な秘書がPCの中に誕生してくれたような感じです。

　どんな人にでも使いやすいお勧めの拡張機能なので、ぜひ導入してみてください。

第6章

最新の情報に基づく回答をさせる

本章では、「WebChatGPT」の「メリット／デメリット」と、実際のインストール方法、使い方を解説します。

筆者	上本敏雅
サイト名	「Tipstour」
URL	https://tipstour.net/chat-gpt-extension-webchatgpt
記事名	【ChatGPT】ネット上の最新情報を読み込める拡張機能「WebChatGPT」

6-1 「WebChatGPT」とは

「ChatGPT」は非常に便利なツールですが、ネット上のURLや記事を読み込んで、それを回答に使うことなどができないところがネックです。

そういった痒いところに手が届く拡張機能が、「WebChatGPT」です。

この拡張機能を利用することで、インターネットから最新の情報を抜き出して、「回答」として生成してくれるようになります。

*

「WebChatGPT」は、「ChatGPT」でWeb検索を可能にする「Chrome拡張機能」です。

この拡張機能をインストールすると、「ChatGPT」のチャット画面から普段どおり質問を入れるだけで、自動的にネットを検索して回答してくれるようになります。

インストール手順は非常に簡単で、アンインストールや無効化も、すぐに可能です。

また、無料で使えるので、誰でも安心して利用できます。

図6-1-1　「WebChatGPT」を導入した「ChatGPT」の画面

＊

たとえば、**図6-1-2**は、この「WebChatGPT」についてインターネットから検索してきて、その答えを「ChatGPT」に回答させている画面です。

この拡張機能自体はここ最近公開されたばかりのものなので、通常の「ChatGPT」では、この拡張機能については正しい回答を出すことはできません。

しかし、「WebChatGPT」はインターネットにアクセスして最新情報を読み込んでいるため、正しい情報が回答として返ってきます。

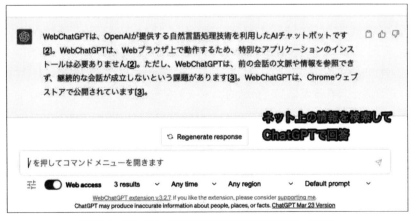

図6-1-2　「WebChatGPT」について正確な回答が返ってきた

■「WebChatGPT」の仕組み

この「WebChatGPT」の仕組みは、次のような感じです。

(1)入力した文章からWeb上で検索して、上位の記事の内容を取得
(2)その内容を自動的にまとめて、「ChatGPT」向けの文章にして送信
(3)その文章を元に「ChatGPT」が回答を出す

「ChatGPT」自体が直接インターネットにアクセスするというわけではなく、この拡張機能とChromeがインターネットから検索してきて、その内容を「ChatGPT」向けにまとめて送る、というのが「WebChatGPT」です。

擬似的にではありますが、それでもネット上の最新かつ正確な情報をもとに回答するようになるため、通常の「ChatGPT」よりも信頼性が非常に高くなります。
(「ChatGPT」はときどき、まったく間違っている情報を事実のように話して、しれっとウソをついてきます)

■「WebChatGPT」のメリット

「WebChatGPT」には、次のようなメリットがあります。

・インターネットの情報にアクセスできる
・2021年9月以降のデータを調べることができる
・最新データを調べるのに向いている
・事実関係の確認など、調べ物に活用できる

*

メリットは、やはり「最新情報にアクセスして、その内容を答えてくれる」という部分です。

通常の「ChatGPT」は、2021年9月までのデータしかインプットされておらず、それ以降の出来事や細かいデータなどは回答できません。
仮に質問しても、回答できないか、適当なウソを回答として出してきます。

「WebChatGPT」の場合は、たとえば2023年5月時点の株価を質問すると、このように具体的な数字をWeb結果から検索して、返してきてくれます。

　これはかなり便利で、リサーチや事実関係の確認などに、「ChatGPT」のチャット感覚でサクサク調べられるようになるので、調べ物については非常に活用できると思います。

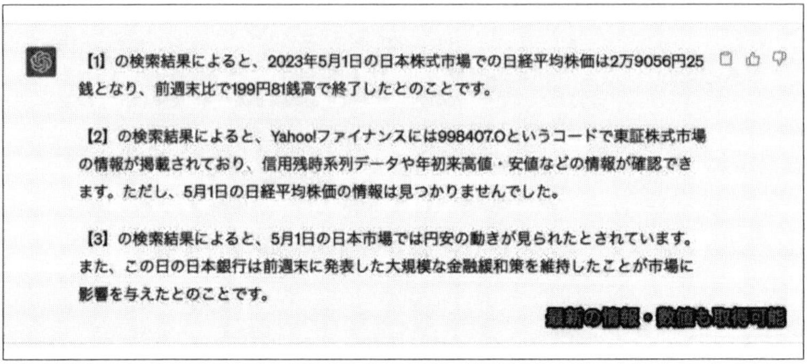

　　　図6-1-3　2023年5月時点の株価について質問した結果

■「WebChatGPT」のデメリット

　とはいえ、「WebChatGPT」も完璧というわけではなく、次のようなデメリットもあります。

・継続した会話ができない
・プログラム生成には使えない
・ブレインストーミングや対話型の相談には使えない

　　　　　　　　　　　　　　　＊

　いちばんの難点は、「WebChatGPTでは単発の質問のみで、継続会話ができない」という点です。

　継続した会話ができないので、チャットしながら物事を決めていったり、ブレインストーミング的に使うということに不向きです。
　これは、毎回必ずネット上に検索しにいって、その検索結果に対して回答を求める「WebChatGPT」の仕様によるものです。

　たとえば、株式についていくつか質問した後に、「それらの情報を箇条書きでまとめてください」とお願いしても、それまでの内容を無視するようになっているので、「箇条書きとは〜」と、箇条書き自体についての質問の回答しか返ってこないのです。

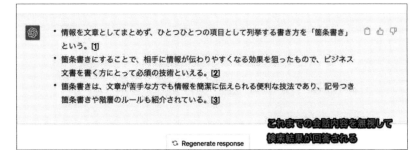

図6-1-4 「WebChatGPT」では継続した会話ができない

*

とはいえ、これは目的に応じて使い分ければいいだけだと思います。

「Chrome拡張機能」なので、自由にオンオフが可能です。

また、チャット画面上からも検索を利用するかしないかが選択可能です。

そのため、以下のように使いたい用途に応じて使い分けを行なえば、デメリットはほとんど感じずに活用できるはずです。

調べもの・事実確認：「WebChatGPT」を使う
考えごと・ブレスト：通常の「ChatGPT」を使う

6-2 「WebChatGPT」のインストール方法

ここからは、インストール方法について紹介していきます。

手 順

[1] まずは以下のページにアクセスしましょう。

WebChatGPT: インターネットにアクセスできる ChatGPT - Chrome
ウェブストア
https://chrome.google.com/webstore/detail/webchatgpt-chatgpt-
with-i/lpfemeioodjbpieminkklglpmhlngfcn

[2] すると、このような「Chrome 拡張機能」の画面になります。

画面右上に【Chromeに追加】というボタンがあるので、ここをクリック
しましょう。

図6-2-1 【Chromeに追加】をクリック

[3] 拡張機能のインストール確認画面が出てきます。
ここで【拡張機能を追加】をクリックします。

図6-2-2 【拡張機能を追加】をクリック

＊

インストール作業はこれだけです。

このように、「ChatGPT」のチャット入力欄のすぐ下に、「Web access」と書かれた項目が追加されていればOKです。

図6-2-3　インストールできれば「Web access」と書かれた項目が追加される

6-3　「WebChatGPT」の使い方

実際の使い方を解説していきます。

と言っても、通常の「ChatGPT」と同様に、チャット入力欄に質問を入力するだけです。

＊

たとえば、「Pythonの2023年5月時点の最新バージョンを教えてください」と入力してみます。

図6-3-1　「Python」の最新バージョンについて質問してみる

すると、**図6-3-2**のように表示されました。

図6-3-2　Pythonの最新バージョンについて正確な回答が返ってきた

　上の自分が入力した項目には、いろいろなURLや文章がたくさん書かれていますが、ここはいったん無視してOKです。

　回答内容を見ると、「2023年5月時点でのPythonの最新バージョンは、リリース予定のPython 3.12です」というように、実際の最新バージョンをインターネットで調べてきて、その内容を表示していることが分かります。

＊

　この回答の中に入っている[1] [2]という部分はハイパーリンクになっていて、クリックすると、「その情報のソース」や「情報元となっているページ」を開くことができます。

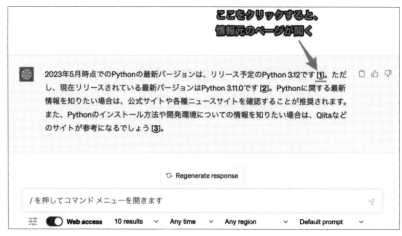

図6-3-3 []付きの数字は、情報元のページへのリンクになっている

■それぞれのオプション設定の意味

「WebChatGPT」のメニューのそれぞれの項目は、以下のような設定項目となっています。

表6-3-1 メニュー項目

オプション	説　明
「WebChatGPT」のオンオフ	「ChatGPT」との対話機能のオンオフを切り替え可能
検索するページ数	検索する際に参照するページ数を設定する 数が多ければ参照する情報量も多くなる
検索する期間	検索する期間を設定する 1日前、1週間前、1ヶ月前、1年前まで選択可能
検索する地域	検索する国、言語を設定する 通常は「Japan」でOK
生成するプロンプト	「ChatGPT」に送るプロンプト内容 このプロンプトはカスタマイズ可能

図6-3-4 各メニュー項目

6-4 「WebChatGPT」を活用したリサーチ方法

　以上が簡単な使い方ですが、この「WebChatGPT」を調べものやリサーチに活用するアイデアを、いくつかリストアップしてみました。

・記事や論文の「ファクトチェック」
・情報のソース、引用元を効率的に探す
・株価や指数などの最新の数値を取得する
・トレンドや市場調査に活用する
・SNSからユーザーの生の声を拾ってきて、まとめる
・インフルエンサーの発言を調べて、考え方をまとめる
・著名人の正しい公開情報をまとめる
・2021年9月以降の出来事・情報について調査する

*

　通常の「ChatGPT」と比べて、検索結果をもとに情報をまとめているため、やはり情報の正確性が高いのが利点です。

　調査やレポートを作る際には当然ながら正確性が求められますが、通常の「ChatGPT」は平気でウソを織り交ぜてくるので、それをそっくりそのまま提出するのは危険です。
　現在はまだ、人の目での「ファクトチェック」が必要になりますが、この「ファクトチェック」にも「WebChatGPT」は活用できます。

　たとえば、安倍元総理の経歴についての記事を書く際に、「安倍晋三の経歴について箇条書きでまとめてください」と「WebChatGPT」で入力すると、ソースを添えて箇条書きでまとめてくれます。

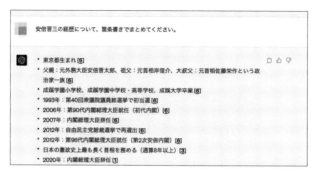

図6-4-1 「安倍晋三の経歴について箇条書きでまとめてください」と聞いた場合の回答

それぞれの情報元のリンクをクリックすることで、ソースとなる情報を確認できますし、それを引用元として使うことも可能です。

もちろん、その引用元ページのデータが正しいかどうかは別問題ですが、「検索上位に表示されている内容＝信頼性が高い」と考えていいはずです。

少なくとも、「ChatGPT」が出力してくるデタラメな情報よりは、大いに信憑性があります。

＊

「ファクトチェック」自体はこれまで、インターネットを検索してページを目視確認して…という作業をしてきたと思います。

しかし、「WebChatGPT」によって、その単純作業もかなり省力化できるようになります。

それこそ、チャット感覚で文章を打ち込むだけで、AIが情報ソースを探して提示してくれるという時代になったわけです。

＊

インターネットからの情報を取得できないのが「ChatGPT」の弱点の1つでしたが、それをカバーできる「WebChatGPT」は、非常に便利な「Chrome拡張機能」です。

「ChatGPT」ユーザーは、確実に入れておくべき拡張機能だと思います。

ちなみにですが、本章を執筆する際の事実確認や「ファクトチェック」にも、この「WebChatGPT」を使っています。

第7章

さまざまな便利機能の追加

本章では、「ChatGPT」に、「エクスポート」や「プロンプト」の保存・管理機能など、たくさんの機能を実装するChrome拡張機能「Superpower ChatGPT」について解説します。

7-1 拡張機能・アドオンのインストール方法

筆者	ナポリタン寿司
サイト名	「ナポリタン寿司のPC日記」
URL	https://www.naporitansushi.com/install-superpower-chatgpt/
記事名	Superpower ChatGPT」拡張機能・アドオンのインストール方法

「Superpower ChatGPT」は、「ChatGPT」にさまざまな機能を追加する、「Chrome拡張機能」および「Firefoxアドオン」です。

＊

具体的には、以下のようなことが可能になります。

・プロンプトの保存、管理、呼び出し
・オンラインから好きなプロンプトを保存
・文字数カウント
・テキストのコピー
・トーク内容の検索
・トークのブックマーク登録
・チャット部屋のエクスポート (Markdown、Json、Text)
・チャット部屋の複数選択、一括削除
・チャット部屋の自動同期

■Chromeにインストールする方法

「Chromeウェブストア」からインストールできます。

Superpower ChatGPT - Chrome ウェブストア
https://chrome.google.com/webstore/detail/superpower-chatgpt/amhmeen
mapldpjdedekalnfifgnpfnkc?hl=ja

ただし、注意点があります。

本拡張機能について調べていると、「Superpower ChatGPTのプライバシーは大丈夫なのか？」という趣旨の記事を見つけました。

本当にそうなのか確かめるために、「Chromeウェブストア」の【プライバシーへの取り組み】タブを確認してみました。

すると、「Superpower ChatGPT」が収集するデータとして、「個人を特定できる情報（例：名前、住所、メールアドレス、年齢、個人識別番号）」と書かれていました。

あくまでも例なので、実際に書かれている項目すべてが収集されているとは限りませんが、心配な方は、利用しないほうがいいかもしれません。

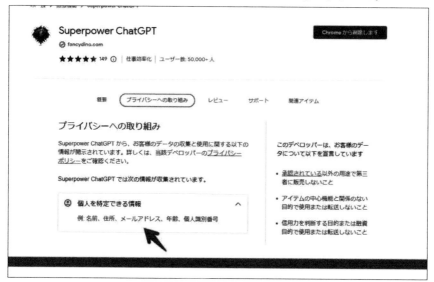

図7-1-1 「Superpower ChatGPT」は「個人を特定できる情報」を収集する

　本拡張機能の開発者の「プライバシーポリシー・ページ」(英語) などを確認してみるといいでしょう。

＊

　「Chrome ウェブストア」における信頼・安全の基準として、「定評のあるパブリッシャー (Established Publisher)」バッジというものがあります。
　本拡張機能は、そのバッジを獲得していました。

図7-1-2　「定評のあるパブリッシャー」バッジを獲得している

　拡張機能名の下にある「リリース元」の横に「チェックマーク」があれば、バッジを獲得している拡張機能ということです。
　開発者がおかしなことをしていないという証だそうで、これがあるから絶対安心というわけではないですが、一つの参考にはなるかもしれません。

　より上位の「Featured」(お勧め) バッジは、2023年7月時点では付けられていませんでした。

＊

　個人情報が収集されると理解した上で利用する場合は、以下の手順で本拡張機能をインストールしましょう。

手　順

[1]【Chrome に追加】をクリック。

図7-1-3　【Chromeに追加】をクリック

[2]【拡張機能を追加】をクリック。

図7-1-4　【拡張機能を追加】をクリック

[3] 拡張機能の「オーバーフローメニュー」内に、「拡張機能ボタン」が追加
されれば、OKです。

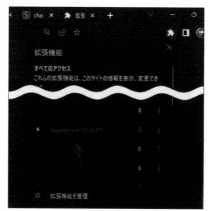

図7-1-5　「拡張機能ボタン」が追加される

7-2 たくさんの追加機能を実装する

筆者	ナポリタン寿司
サイト名	「ナポリタン寿司のPC日記」
URL	https://www.naporitansushi.com/superpower-chatgpt/
記事名	[Superpower ChatGPT]沢山の追加機能を実装する拡張機能

　先述の通り、「Superpower ChatGPT」は「ChatGPT」にさまざまな機能を追加する「Chrome拡張機能」です

　特に、「プロンプトの保存・呼び出し機能」が目玉だと思います。
　たとえば、事前に「日本語で教えて」「初心者でも分かるように教えて」「続きを教えて」「コードを短くして」といった定型文を登録できます。
　登録すれば、次回以降、ささっと呼び出せるので、わざわざ手動でタイピングしなくてすみます。

　※プロンプトの保存・呼び出し機能については、次章で詳細に解説します。

　専用のプロンプト・ストアがあり、世界中の有志が作ったプロンプトを入手して、自分で利用できます。

　また「トークの検索機能」も実装されています。
　大量にチャット部屋がある場合でも、瞬時に該当のテキストが含まれるトークを絞りこむことが可能です。

　チャット部屋を、PC内（オフライン）に保存する「エクスポート機能」も用意されています。
　これは、「Markdown」「Json」「Text」拡張子で保存できます。

　さらに、「Auto Sync」と呼ばれる自動同期機能も用意されています。
　オンにすることで、「ChatGPT」を開いた後に、インターネット接続が途切れてしまっても、オフラインで過去の会話を開くことができます。

■ざっくりとした機能解説

本拡張機能をインストールした状態で、「ChatGPT」の「チャットページ」にアクセスします。

すでに開いている場合は、再読み込み(リロード)が必要です。

＊

初回アクセス時は、本拡張機能の「リリース履歴」が表示されます。中身は英語です。

見たくない場合は、右上の【Close】をクリックします。

図7-2-1 「リリース履歴」を閉じるには、右上の【Close】をクリック

導入後は、いろいろなボタンなどが新しく追加されています。

ざっくりまとめた画像を貼っておくので、**図7-2-2**の画像を見て何となく分かる方は、各自いろいろ弄ってみてください。

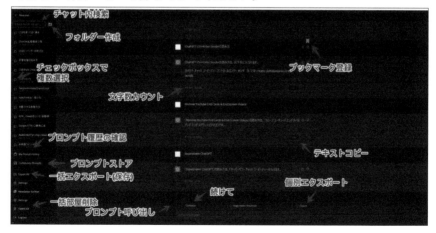

図7-2-2 「Superpower ChatGPT」でできること

以下では、各機能について詳しく解説します。

■チャット部屋関連

●チャット部屋の作成日

左側サイドバーの「チャット部屋[※]」の名前の下部に、「作成日」が表示されます。

「設定」から、作成日時ではなく、最終更新日時に変えることもできます。

図7-2-3　作成日を表示した画像

※「ChatGPT」との一連の会話のこと。「ChatGPT」では、【New Chat】ボタンを押すことで、それまでの会話から独立した別の会話を始めることができる。この独立した各会話を、ここでは従来のチャットサービスを模して「チャット部屋」と呼ぶ。
　「ChatGPT」利用者には質問内容や会話のテーマごとに部屋を分ける者も少なくない。

●チャット部屋検索

左側サイドバーの上部に「検索ボックス」が追加されます。

検索したい文字を入力すると、部屋での「ChatGPT」とのやり取りを絞り込めます。

部屋をクリックすると、該当箇所が黄色くハイライト表示されます。

図7-2-4 「ChatGPT」とのやり取りを検索できる

●チャット部屋の複数選択

各チャット名の左側がチェックボックスに変わっており、部屋を複数選択できます。

図7-2-5 チャット部屋を複数選択できるようになっている

左側サイドバーの下部にある【Export ○ Selected】で、複数の部屋を一括エクスポート、【Delete ○ Selected】で、複数の部屋を一括削除できます。

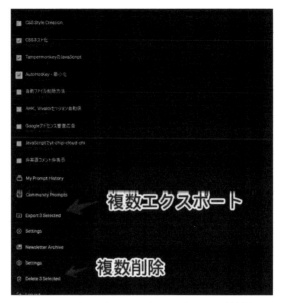

図7-2-6　複数の部屋の一括エクスポートと一括削除

●チャット部屋の削除

複数の部屋にチェックを付けて、【Delete ○ Selected】をクリックし、【Confirm Delete】(削除の確認)をクリックします。

図7-2-7　チャット部屋の削除

●チャット部屋のエクスポート

　複数の部屋にチェックを付けて、【Export ○ Selected】をクリックすると、ファイルの種類を選ぶ専用のダイアログが表示されます。

　2023年4月時点で、拡張子は、「Markdown」「Json」「Text」の3つから選択可能です。

図7-2-8　チャット部屋のエクスポート

　【Export】をクリックすると、PC内にダウンロードされます。

図7-2-9　【Export】をクリックするとダウンロードできる

　複数エクスポートした場合は、圧縮ファイル(ZIP)になっています。

解凍すると、日付ごとのフォルダで分類されていました。

この中に、指定した拡張子のファイルが保管されています。

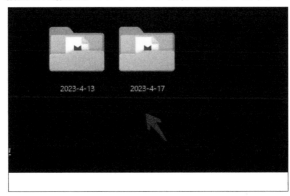

図7-2-10　ダウンロードした部屋は、日付ごとのフォルダで分類される

■自動同期機能

「Auto Sync」と呼ばれる機能を搭載しています（デフォルトでオンになっていると思います）。

【設定】(Settings)→【Auto Sync】タブからオンオフを切り替えられます。

オンにすることで、すべての会話を自動的にPC上にダウンロードしてくれます。

ダウンロードしたファイルが、どこにあるかは分かりませんでした。

＊

本機能の特徴は、"「ChatGPT」を開いたあとにインターネット接続が途切れても、過去の別部屋に切り替えて中身を確認できる"という点です。

本拡張機能を導入していない場合や、「Auto Sync」をオフにしている場合だと、オフライン時に別会話が開けません。

＊

試しに、「ChatGPT」のタブを開いて、その後インターネット接続をわざとオフにしてみます。

この状態で、左側サイドバーから好きな過去の部屋をクリックすると、オフラインなので、会話の内容が読み込まれず、ずっと「ぐるぐるマーク」が出ます。

そのため、内容が確認できません。

図7-2-11 「ChatGPT」を開いたあとに、インターネット接続をオフにする

　「自動同期」(Auto Sync) をオンにすることで、インターネット接続が切れていても、過去の会話なら見れるようになります。
　スクロールや、別会話の切り替えなど、オンライン時と変わらず操作可能です。

図7-2-12 オフラインでも過去の会話を確認できる

　インターネット接続がないので当然ですが、自動同期のオンオフにかかわらず、新規質問は送信できないので注意です。
　あくまでも、過去のやり取りを見られるだけです。

＊

　今回は検証しやすいように、自分側のインターネットをオンオフしてみましたが、実際は「ChatGPT」側のサーバが不調なときに役立ちます。

　「ChatGPT」の調子が悪くて読み込みがずっと続くような場合でも、過去の会話なら確認できる、という感じです。

　同期の進行具合は、左側サイドバーの下部で確認できます。

　マウスを近づけたときに「Your conversations are synced!（あなたの会話は同期されています！）」とポップアップが表示されれば、すべての会話を同期できているということです。

図7-2-13　Your conversations are synced!（あなたの会話は同期されています！）

　基本的に、新規やり取りをするたびに自動同期してくれます。

　左下の「リロードボタン」（ぐるぐる矢印）を押すことで、手動同期が可能です。

■トーク関連機能

●文字数Count機能

　AIが回答した文章の下部に、「文字数」が表示されます。

　図7-2-14だと、「249 chars」という部分で、これは「249文字の回答」という意味です。

図7-2-14　文字数カウント機能

●テキストコピー

　AIが回答した文章の右下に「コピー」ボタンが追加されます。

　クリックするとクリップボードにテキストがコピーされ、マウスを乗せると、それ以外の選択肢が表示されます。

　「HTML」や「MarkDown」形式でコピーできます。

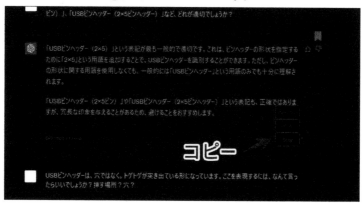

図7-2-15　「テキストコピー」機能で、やり取りをコピーする

●トークのピン留め機能

　各会話内のAIが出力した文章にマウスを乗せると、右上に「ブックマーク」アイコン（ブックマーク画像）が表示されます。

　クリックすると、その会話をピン留めしてくれます。

図7-2-16　重要な出力をピン留めする

　ピン留めすると、そのトークだけ背景色が変わります。

　ページの右側に「クイックナビゲーションサイドバー」が追加され、ここにピン留めしたアイコンが表示されます。

図7-2-17　ピン留めしたアイコンは「クイックナビゲーションサイドバー」に表示される

　クリックすると、どこの位置にいても、該当の会話までページ内リンク（ジャンプ）してくれます。

　長文のやり取りをした会話部屋で、重要な会話がどこにいったか分からなくなったときに便利でしょう。

　本機能は、各会話内で動作するもので、別々の会話を跨ぐことはできません。
　「Aの会話部屋を開いているときに、Bの会話で登録したピン留めにアクセスする」といった使い方は不可能です。
　そういったことがしたい場合は、別に「Bのチャット部屋」を開きましょう。

■出力スタイル、言語の指定(ナビゲーションバー)

　会話の上部に、「ナビゲーションバー」が表示されます。
　言語やAIの雰囲気、キャラを固定できます。
　日本語で回答してほしい場合は、【Language】を【Japanese(日本語)】にするのがお勧めです。

図7-2-18 「ナビゲーションバー」の項目

表7-2-1 上部の「ナビゲーションバー」項目

Model	モデル
Tone	トーン
Writing Style	ライティングスタイル
Language	言　語

●Tone（トーン）

　2023年4月時点では、以下の「トーン」（調子）が用意されていました。

　好きなものを選択してから、メッセージを送信すると、それに応じた回答になります。

表7-2-2　「トーン」の一覧

トーン名	意　味
Authoritative	権威的な
Clinical	臨床的な
Cold	冷たい
Confident	自信のある
Cynical	皮肉な
Emotional	感情的な
Empathetic	共感的な
Formal	形式的な
Friendly	友好的な
Humorous	ユーモラスな
Informal	非公式な
Ironic	皮肉な
Optimistic	楽観的な
Pessimistic	悲観的な
Playful	愉快な
Sarcastic	皮肉な
Serious	真剣な
Sympathetic	同情的な
Tentative	不確かな
Warm	暖かい

図7-2-19　「トーン」を変更する

　試しに、「こんにちは！お元気ですか？」という質問を、「デフォルト」「感情的な（Emotional）」「ユーモラスな（Humorous）」「冷たい（Cold）」にしてみた比較画像を貼っておきます。

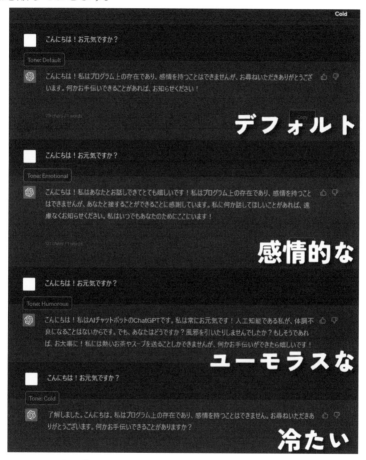

図7-2-20　「デフォルト」「感情的な」「ユーモラスな」「冷たい」の比較画像

　確かに、それに応じたテンションになっていることが分かります。
　個人的には、「感情的な（Emotional）」のような優しいキャラが好きです。

●Writing Style（ライティングスタイル）

「ライティングスタイル」を変更できます。

表7-2-3 「Writing Style（ライティングスタイル）」の一覧

スタイル名	意 味
Academic	学術的な
Analytical	分析的な
Argumentative	論述的な
Conversational	会話的な
Creative	創造的な
Critical	批判的な
Descriptive	描写的な
Epigrammatic	随筆的な
Epistolary	手紙体の
Expository	説明的な
Informative	情報提供的な
Instructive	教育的な
Journalistic	新聞的な
Metaphorical	比喩的な
Narrative	物語的な
Persuasive	説得的な
Poetic	詩的な
Satirical	風刺的な
Technical	技術的な

「学術的な（Academic）」「会話的な（Conversational）」「物語的な（Narrative）」の比較画像を貼っておきます。

＊

本当にその通りの書き方になって驚きです。個人的には、「会話的な」が好きです。

ページをリロードしたとき、一瞬、英語のプロンプトが見えたので、恐らく裏でそうなるようなプロンプトが送られているのだと思います。

図7-2-21 「学術的な」「会話的な」「物語的な」の比較画像

●Language（言語）

　出力する言語を固定できます。

　何も設定していないと、たまに日本語で質問したのに、回答が英語で返って
くるときがあります。

　こういった失敗が起きないようにする便利な設定です。

　日本語で返してほしい場合は、【Japanese】にします。

　似たような言語で、ジャワ語の【Javanese】がありますが、違うので注意で
す（「p」か「v」の違いです）。

図7-2-22 【Javanese】と間違えないように注意

■設定

開くには、左側サイドバーの【Settings】をクリックします。

> ※もしかしたら【Settings】の項目が二つあるかもしれません。その場合は、どちらかが本拡張機能の設定項目で、どちらかがChatGPT標準の設定項目です。

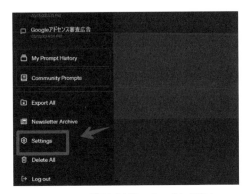

図7-2-23 「設定」は【Settings】から開く

●General(一般)

「設定」画面の【General】タブでは、次の項目が変更できます。

表7-2-4 「General(一般)」の設定項目

Input History Shortkey	プロンプト入力履歴のオンオフの切り替え
Dark mode	ダークモードとライトモードの切り替え
Copy mode	オンにすると、コピーボタンを押したとき、AIの回答だけでなく、自身の質問もコピーする

図7-2-24 「General（一般）」の画面

「Copy mode」をオンにすると、回答の右下にあるコピーボタンを押したときに、AIの回答だけでなく、直前に質問した自分の文章もセットでコピーしてくれます。

質問と回答をセットでどこかにメモしたいときに便利かもしれません。

図7-2-25 質問と回答の両方をコピーする

●Auto Sync（自動同期）

「自動同期」をオンオフできます。

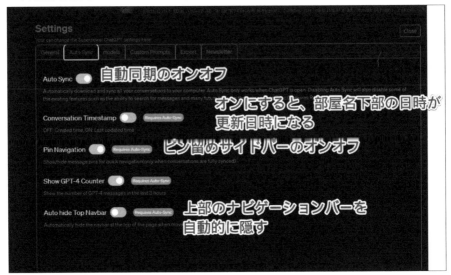

図7-2-26 「Auto Sync（自動同期）」の画面

表7-2-5 「Auto Sync（自動同期）」の設定項目

Auto Sync	自動同期機能のオンオフ
Conversation Timestamp	部屋名下部の日時についての設定。 オフにすると作成時刻、オンにすると最終更新時刻になる
Pin Navigation	クイックナビゲーションサイドバー（ピン留め）のオンオフ
Auto hide Top Navbar	オンにすると、上部のナビゲーションバーをマウスホバーで表示、 普段は非表示にできる

● Conversation Timestamp（会話のタイムスタンプ）

通常、左側サイドバーの部屋名の下にある日時は、「部屋の作成時刻」になっています。

「Conversation Timestamp」をオンにすることで、最後にやり取りした会話の最終更新時刻になります。

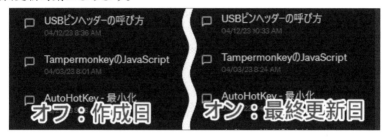

図7-2-27　作成日を表示するか最終更新日を表示するかを切り替える

● Pin Navigation（ピンナビゲーション）

「ピン留め機能」のサイドバーをオンオフします。

オフにしても右側のサイドバーを非表示にするだけで、「ピン留め機能」自体は利用できます。

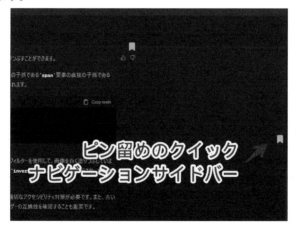

図7-2-28　「ピン留め機能」のサイドバーの表示をオンオフする

●Auto hide Top Navbar（上部のナビゲーションバー）

オンにすると、上部のナビゲーションバー（「モデル」「出力スタイル」「言語」などを切り替えられるバー）が、マウスホバー時のみ表示するようになります。

画面をすっきりさせたい方は、オンにするといいかもしれません。

図7-2-29　「Auto hide Top Navbar」がオフのとき（上）とオンのとき（下）

●Custom Prompts（カスタムプロンプト）

プロンプトを「保存」「編集」「削除」できます。

この項目の詳細については、**次節**を参考にしてください。

図7-2-30　Custom Prompts（カスタムプロンプト）の画面

●Export（エクスポート）

「Export mode」をオンにすると、エクスポートする際、「ChatGPT」の回答だけでなく、自身の質問もセットで保存してくれます。

デフォルトでオンになっています。

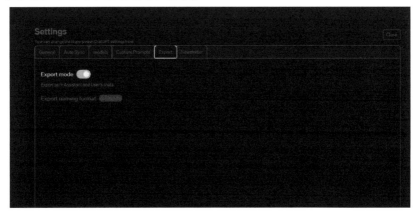

図7-2-31　Export（エクスポート）の画面

エクスポートは「左側サイドバー」か、会話内の入力フォーム上にある【Export】からできます。

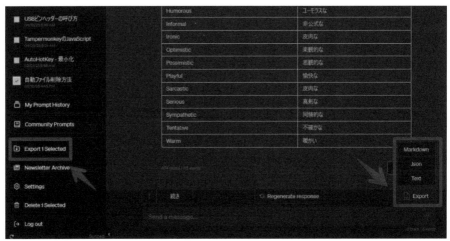

図7-2-32　エクスポートは「左側サイドバー」か「入力フォーム」上のボタンから可能

●Newsletter（ニュースレター）

「ニュースレター」をオンオフできます。

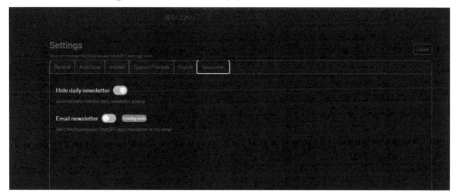

図7-2-33　Newsletter（ニュースレター）の画面

「ニュースレター」とは、本拡張機能を導入した状態で「ChatGPT」にアクセスしたとき表示されるダイアログ画面のことです。

AI関連のニュースが確認できるようになっています。

図7-2-34　ダイアログ画面を非表示にできる

「英語のAIニュースなんてどうでもいい！ChatGPTだけ使えたらそれでいい！」という場合、【Hide daily newsletter】をオンにしましょう。

　すると「ChatGPT」にアクセスしたときに、ダイアログ画面が表示されなくなります。

　開きたくなった場合は、左側サイドバーの【Newsletter Archive】をクリックします。

■「Superpower ChatGPT」を一時的に無効にする方法

　「Superpower ChatGPT」の拡張機能アイコンを右クリックし、【拡張機能を管理】をクリック。

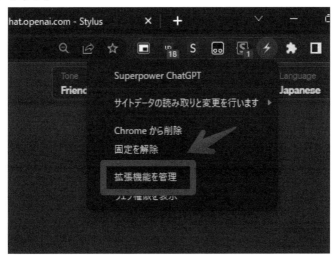

図7-2-35　【拡張機能を管理】をクリック

　トグルを「オフ」にしましょう。
　すでに「ChatGPT」のページを開いている場合は、一度ページをリロード（[F5]キーを押下）します。
　すると、本拡張機能が一時的に無効化されます。

図7-2-36　トグルを「オフ」にする

使わなくなったら無効ではなく、削除しましょう。

＊

　ここまで紹介した機能も「ChatGPT」を利用する上で便利なものばかりでしたが、「Superpower ChatGPT」の魅力はこれだけではありません。

　次章では、最大の見どころである「プロンプトの保存・呼び出し機能」について、詳細に解説します。

第**8**章

プロンプトの保存・呼び出し機能

7章に引き続き「Superpower ChatGPT」について解説します。

本章では、目玉機能である「プロンプトの保存・呼び出し機能」の使い方を見ていきます。

筆者	ナポリタン寿司
サイト名	「ナポリタン寿司のPC日記」
URL	https://www.naporitansushi.com/superpower-chatgpt/
記事名	[Superpower ChatGPT]沢山の追加機能を実装する拡張機能

8-1 「プロンプトの保存・呼び出し機能」について

本拡張機能には、「プロンプトの保存・呼び出し機能」が搭載されています。

たとえば、事前に「日本語で教えて」「初心者でも分かるように教えて」「続きを教えて」「コードを短くして」といった定型文を保存できます。

保存した定型文は、チャット入力画面上部にある「三点メニュー」（⋮）からアクセス可能です。

ドロップダウンリストになっていて、保存した定型文をクリックすると、自動的にその文章が送信されます。

よく使う文章を登録しておけば、わざわざ文章を入力しなくても済むので効率的です。

＊

また、有志の方が公開した「プロンプト・ストア」が実装されています。

自分でプロンプトを作るのが苦手な場合には、他人が作ったものを利用できます。

8-2 「プロンプトの保存・呼び出し関連機能」の使い方

本拡張機能をインストールした状態で、「ChatGPT」のチャットページにアクセスします。

すでに開いている場合は、再読み込み(リロード)が必要です。

■編集

初期でいくつかのプロンプトが用意されています。

チャット部屋のテキスト入力フォーム上部に「三点メニュー」(⋮)があり、クリックすると、ドロップダウンリストでプロンプトを表示します。

図8-2-1 「初期プロンプト」を送信する

デフォルトではすべて英語です。これを呼び出しても、「ChatGPT」は英語で返してきます。

自分が使っている言語(僕の場合は日本語)に書き直すといいでしょう。

＊

初期で用意されているプロンプトを編集したり、新しいプロンプトを作成したい場合は、「三点メニュー」(⋮)をクリックして、【+Add More】をクリックします。

すると設定画面が表示されるので、既存のプロンプトを自分の好きな文言に変えます。

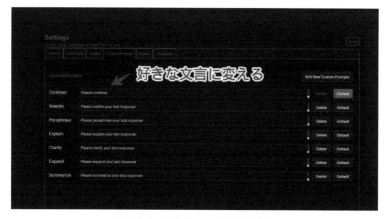

図8-2-2　初期プロンプトを編集する

僕が考えた例文を貼っておきます。翻訳を使っただけです。

表8-2-1　プロンプトの変種例

タイトル	デフォルトで用意されている プロンプト	日本語に変えたプロンプト （ただの翻訳）
Continue	Please continue	続きを教えてください
Rewrite	Please rewrite your last response	前回の回答を書き換えてください
Paraphrase	Please paraphrase your last response	前回の回答を言い換えてください
Explain	Please explain your last response	前回の回答について説明してください
Clarify	Please clarify your last response	前回の回答について明確にしてください
Expand	Please expand your last response	前回の回答について拡大してください
Summarize	Please summarize your last response	前回の回答についてまとめてください

今後、「三点メニュー」から「プロンプトタイトル」をクリックしたときに、設定した日本語文章が送信されます。

図8-2-3　編集後のプロンプト

■削除

そもそも、デフォルトで用意されているプロンプトを、ずっと残す必要はありません。

「この定型文は、自分の場合は使わないな…」というものがあれば、右側にある【Delete】(削除)をクリックします。

図8-2-4　初期プロンプトを削除する

すると「確認ボタン」が表示されます。
本当に削除していい場合は、【Confirm】をクリックしましょう。

図8-2-5　本当に削除するなら【Confirm】をクリック

"「Continue」や「Rewrite」といった「デフォルトの英語タイトル」を全削除して、

新規にタイトルを含めた日本語のプロンプトを登録する"といったやり方も、ありだと思います。

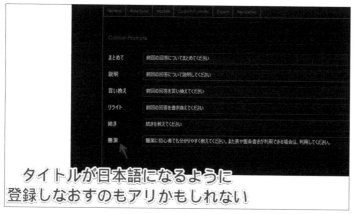

図8-2-6 「初期プロンプト」を全部削除して、日本語で追加し直す

■新規作成

プロンプトの編集画面を開いて、右上の【Add New Custom Prompts】をクリックします。

図8-2-7 【Add New Custom Prompts】をクリック

【Prompt Title】でプロンプトのタイトルを決めます。
タイトルは「三点メニュー」(：)に表示される文章です。

【Prompt Text】で中身の定型文を設定します。

図8-2-8　新しくプロンプトを作る

＊

試しに、日本語版の「続きを教えて」プロンプトを作ってみます。

タイトルを「続き」にして、内容を「続きを教えてください」に変更。
そして、【Save】で保存します。

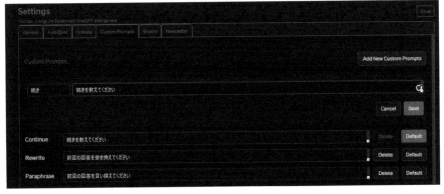

図8-2-9　「続きを教えてもらうプロンプト」を日本語で作る

　皆さんの好きな文章にしましょう。
　フレンドリーな返答を求めている場合は、「前回の回答の続きを教えて！口
調は、ため口でフレンドリーなアニメキャラ風にして！」といったようにすると、
いいかもしれません。

Column 会話横の【＋】ボタンについて

トークを入力すると、その右側に【＋】ボタンがあります。

このボタンからの追加は、ローカルではなく、インターネット上に公開するものなので注意です。

図8-2-10　プロンプトをインターネット上に公開する

クリックすると、「送信ダイアログ」が表示されます。
ここでは「プロンプト」「タイトル」「カテゴリ」「名前」「ウェブサイト」を登録できます。

図8-2-11　「送信ダイアログ」が表示される

●デフォルトに設定

　【Default】ボタンを押すと、そのプロンプトが「三点メニュー」（⋮）の右側に固定されます。

　1件だけ「デフォルト」に設定でき、初期では「Continue」が設定されています。

図8-2-12　プロンプトをデフォルトに設定する

　最も使う定型文は、わざわざ「三点メニュー」を押して選択するのも手間だと思います。

　「デフォルト」に設定することで、ワンクリックで呼び出せます。

●呼び出し

　「続きを教えて」という定型文を登録したので、実際に使ってみます。

　試しに、「ChatGPT」に頼んで、適当に長文小説を作ってもらいました。

　出力できる文字数には制限があるので、途中で出力が停止します。

＊

　通常なら、ここで「続きを教えて」と文章を入力して送信する必要がありますが、プロンプトを使った場合は、入力フォーム上にある「三点メニュー」（⋮）から「続き」をクリックするだけです。

図8-2-13 「Superpower ChatGPT」で「続きを教えて」プロンプトを実行

　すると、自動的に登録した定型文が送信されて、手動で「続きを教えて」と入力した場合と同じように、続きの文章を生成してくれます。

　わざわざ入力しなくていいので、効率的です。

図8-2-14　手動で「続きを教えて」と入力した場合と同様に、続きの文章が生成された

　あくまでも入力をショートカットして効率化するというもので、「プロンプトを使ったほうが回答が良くなる」みたいなことはありません。

　タイピングして質問したときと同じ返答です。

＊

　次に、以下のプロンプトを作成してみました。

　「分かりやすく教えて」は、けっこう定番のプロンプトだと思います。

```
<!--タイトル-->
簡潔
```

```
<!--プロンプト内容-->
簡潔に初心者でも分かりやすく教えてください。また表や箇条書きが利用でき
る場合は、利用してください。
```

図8-2-15　「簡潔に教えて」プロンプトを実行した

　プロンプトを試すために、「Amazonと楽天ショッピングサイトの違いを分かりにくく、難しい感じで教えてください」と聞いてみました。

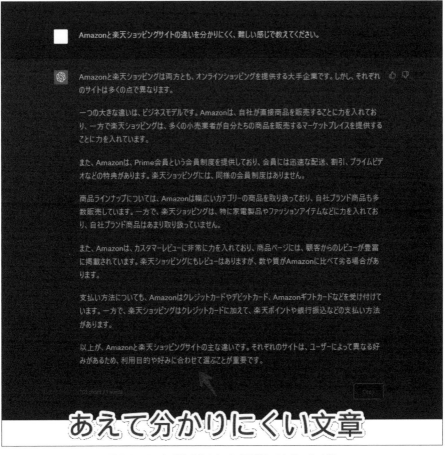

図8-2-16　わざと分かりにくく説明してもらった文章

保存した「簡潔プロンプト」をクリックします。

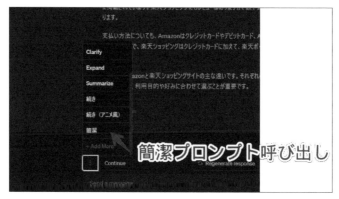

図8-2-17　「簡潔プロンプト」をクリック

すると、登録した文章が送信されて、分かりやすく教えてくれます。

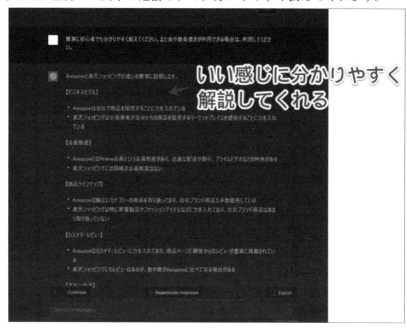

図8-2-18　分かりやすい解説に直してくれる

＊

「CSS」や「JavaScript」などのコードを頻繁に聞く場合は、次のプロンプトも登録しておくと便利だと思います。

コードを短くできる場合、短くしてください。解説やコメントアウト記号は不要です。

「ChatGPT」が一発目に返してくるコードは、なぜか長いことが多いです。

最後の仕上げとして、「コードを短くして」といった問いかけをすることで、きれいな見やすいコードにしてくれる可能性があります。

8-3 過去のプロンプトの履歴を確認する

■プロンプトの履歴を開く方法

左側サイドバーの【My Prompt History】をクリックします。

図8-3-1 【My Prompt History】をクリック

「My Prompt History」を開くと、過去に自分が入力して送信した文章を確認できます。

図8-3-2 過去に送信した文章を確認できる

■「My Prompt History」画面の見方

プロンプトの右下に、各種ボタンがあります。

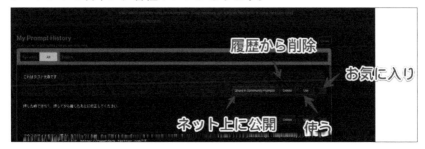

図8-3-3 「My Prompt History」のプロンプトに対して実行できる操作

図8-3-1 「My Prompt History」の各種機能

Share in Community Prompts	コミュニティプロンプトで共有する
Delete	履歴から削除する
Use	そのプロンプトを現在開いている会話の入力フォームに貼り付ける （[Shift]キーを押しながらクリックすると、入力だけでなく、自動的に送信する）
お気に入り	お気に入りに登録する

■過去のプロンプトを再利用する

過去の文章を貼り付けたい会話にアクセスします。

＊

「My Prompt History」を開いて、再利用したい過去の文章の【Use】ボタンをクリック。

すると、現在開いている会話の入力フォームに、過去プロンプトが貼り付けられます。

これは中身をちょっとだけ変えたり、そのまま送信できます。

図8-3-4 「My Prompt History」で過去のプロンプトを再利用する

*

　【Use】ボタンを押すときに、[Shift]キーを押しながら左クリックすると、入力フォームを経由せずに、直接文章が送信されます。

図8-3-5 【Use】ボタンと[Shift]キーで送信の手順を省ける

　まったく同じプロンプトを使いたいときに役立つ豆知識かもしれません。

　少しでも文章を変えて送信したい場合は、通常の【Use】クリックで入力フォームに送ったあと、編集します。

■お気に入り登録

いちばん右の【お気に入り登録】ボタンをクリックします。

図8-3-6　過去のプロンプトを「お気に入り」に登録する

【Favorites】タブに切り替えると、登録したプロンプトを確認できます。

図8-3-7　【Favorites】タブで「お気に入り」に登録したプロンプトを確認できる

右下の【Delete non favorites】を押すと、「お気に入り」に登録したプロンプト以外の過去プロンプトを一括削除します。

図8-3-8　「お気に入り」に登録したプロンプト以外を削除する

8-4 公開されているプロンプトを利用する

他人が作って公開したプロンプトを利用できます。

左側サイドバーの【Community Prompts】をクリックします。

図8-4-1 【Community Prompts】をクリック

ダイアログが表示されるので、「検索ボックス」に文字を入力することで絞り込めます。

右側の【Language】で言語を選択できます。

図8-4-2 他人が公開したプロンプトを利用する

日本語の場合、「Japanese」です。けっこう上のほうにありました。

　似たような言語で、ジャワ語の「Javanese」がありますが、違うので注意です。
　プロンプト投稿者が勘違いしているのか、「Javanese」に日本語プロンプト
が混ざっていました。

＊

　今回は、試しに「フリマ回答」というプロンプトを使ってみます。
　「メルカリ」などのフリマアプリで、相手からのコメントに対して、自動的に
返信を考えてくれるようです。

図8-4-3　「フリマ回答」のプロンプトを使ってみる

　【Show more】を押すと、プロンプトの全文を確認できます。
　利用するには【Use】をクリックします。

　[Shift] キーを押しながらだと、瞬時に送信されるので注意です。

　図8-4-3のプロンプトの場合、「ユーザーからのコメント」と「私の対応」とい
う部分を変えることで、応用が効くようになっています。

　今回は、サンプル文章のまま送ってみます。

図8-4-4　サンプル文章のまま送ってみる

いい感じに回答を提示してくれました。

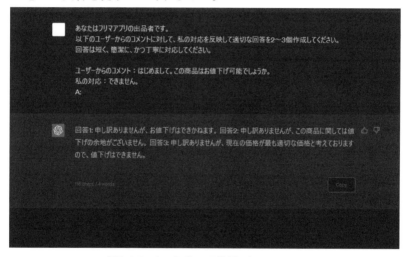

図8-4-5　ちょうどいい回答例を出してくれた

利用したプロンプトは、「My Prompt History」に残ります。

「お気に入り」に登録することで、次回以降、「My Prompt History」の【Favorites】タブから、すぐに再利用できます。
これで「Share in Community Prompts」から、わざわざもう一度探さなくて済みます。

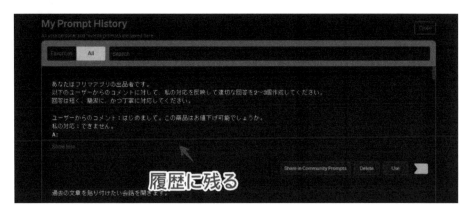

図8-4-6　プロンプトは「My Prompt History」に残る

＊

質問の内容を一部変えてみました。

「ユーザーからのコメント」を、「あとで絶対買うので、専用にしてくれませんか？」に変えて、「私の対応」を「無理」にしました。
いい感じのお断り文章を提示してくれます。

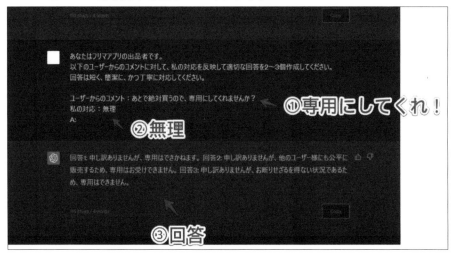

図8-4-7　質問を変えてもちょうどいい回答例を出してくれた

相手に「無理」と送ってしまうと印象が悪いかもしれませんが、「ChatGPT」

に頼んで丁寧な敬語バージョンを作ってもらい、その文章をコピペして送って円滑に取引する——こういった感じの使い方がベストでしょうか。

＊

　以上、「ChatGPT」に沢山の機能を実装する Chrome 拡張機能「Superpower ChatGPT」についてでした。

　プロンプトの保存や管理といった目玉機能だけでなく、今まで微妙に手が届かなかった痒い部分にも、本拡張機能を使うことで届くようになるかもしれません。

補章

「ChatGPT」の回答精度を上げる

本章では、「ChatGPTの回答の質」を上げるにはどうすればよいか？
をテーマに、いろんな角度から実際に検証をして結果をまとめます。

筆者	chaso
サイト名	「prtn-blog」
URL	https://prtn-life.com/blog/chatgpt-prompt-engineering2
記事名	ChatGPTで期待通りの回答が得られないなら「プロンプトエンジニアリング」 を学ぶべし

A-1　　「ChatGPTの回答の質」を高めるには

　「ChatGPTの回答の質」を高めるにはどうすれば良いかという課題に対して
の回答は、結論として、

・「ChatGPT」の得手/不得手を考慮する

・ユーザー自身が「質の高い質問」をする

の2点となります。

■「ChatGPT」の得手/不得手を考慮する

　「ChatGPT」は「言葉」をベースに学習します。

　これはつまり、「1＋1＝2」という計算式も「テキスト」として記憶している
ということになります。

　なので、ユーザーから計算を命令されたとき、実際には計算をしておらず、
与えられた「テキスト」をもとに答を生成します。

＊

　他にも、データベースに存在しない内容を聞かれると、「それっぽい文章」を
大嘘混じりに返してくることもあります。

> ※「ChatGPT」の得意分野と苦手分野については、以下で詳しく解説しています。
> ChatGPTは嘘をつく？得意分野と苦手分野を調べてみた
> https://prtn-life.com/blog/chatgpt-prompt-engineering

■ユーザー自身が質の高い質問をする

「ChatGPT」は、ユーザーからの質問内容によって、回答のクオリティに大きな差が生じます。

たとえば、

欠席連絡のメールを書いて。

という質問文と、

欠席連絡のメールを書いて。設定は以下で。 ・高熱と頭痛が酷いので会社を休む。 ・本当は行きたくて仕方ないのに、行けなくて残念・申し訳ないという気持ちをこめて。

という質問文では、後者のほうがユーザーの意図した回答が返ってくる確率が高いです。

このように、プロンプトを打つ際にAIが良質な回答を返せるように命令文を作ることを「**プロンプトエンジニアリング**」と言います。

A-2 「プロンプトエンジニアリング」でより有能に

「プロンプトエンジニアリング」というのは、「ChatGPT」がベストなパフォーマンスをできるように、人間がお膳立てするようなものです。

「ChatGPT」などの言語モデルは、質問の仕方次第で回答の質が変化します。

＊

プログラミング言語を使ってプログラミングをする人を「プログラマー」と言いますが、最近では、人工知能に投げるプロンプト自体を、研究・分析したり、プロンプトを使いこなす人を、「プロンプトエンジニア」と言ったりするようです。

企業でも「ChatGPT」をはじめとする人工知能の活用を重要視しており、海外企業では「プロンプトエンジニア」としての「求人」も多く見受けられます。

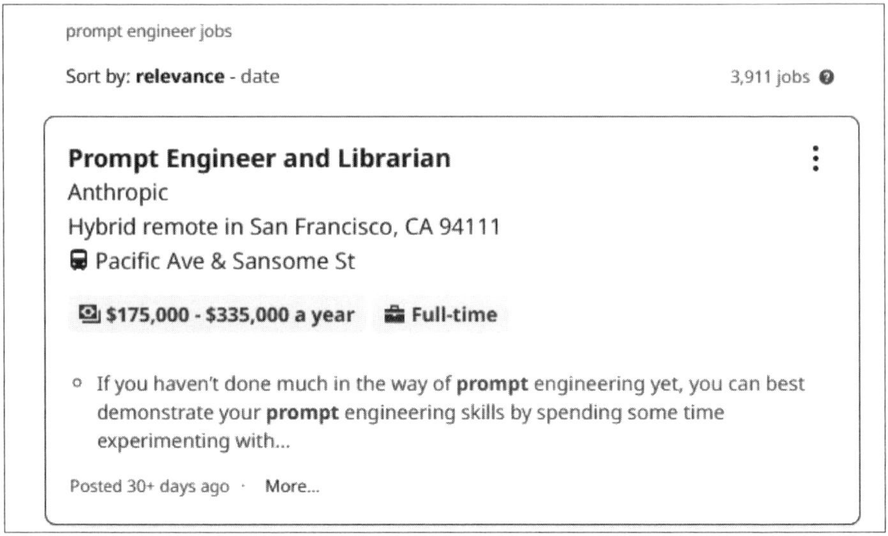

prompt engineer jobs

Sort by: **relevance** - date   3,911 jobs ❓

Prompt Engineer and Librarian   ⋮
Anthropic
Hybrid remote in San Francisco, CA 94111
🚊 Pacific Ave & Sansome St

💰 **$175,000 - $335,000 a year**   💼 **Full-time**

○ If you haven't done much in the way of **prompt** engineering yet, you can best
demonstrate your **prompt** engineering skills by spending some time
experimenting with...

Posted 30+ days ago　·　More...

図A-2-1　サンフランシスコのとある企業の募集

A-3　「回答の質を高める質問」のコツ

　ここからは、「プロンプトエンジニアリング」という手法をもとに、具体的に「ChatGPT」にどのように質問すればいいのかを、具体的な事例を交えて解説します。

> ※なお、本章は、「ChatGPT」の開発元である OpenAI が公開している「openai-cookbook」の内容を参考に作成しています。

■一文をなるべく短くする

　「ChatGPT」に質問する際には、質問文をなるべく細分化することが大切です。

　図A-3-1のように、一つの文に命令を詰め込むと、「ChatGPT」は提示した条件のいくつかだけ回答したり、ユーザーが意図した回答が得られなかったりする場合があります。

図A-3-1　一文に命令を詰め込むと回答できない場合がある

「ChatGPT」に、複数の条件・内容を尋ねたいときには、「一つの文」には「一つの内容」だけを入れるようにします。

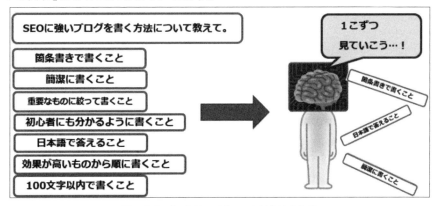

図A-3-2　「一文」につき「一つの内容」を入れる

こうすることで、先ほどと同じことを質問しても、ユーザーが意図した答が返ってくる可能性が高まります。

■「回答モデル」を渡す

「回答モデル」というのは、図A-3-3のようなデータのセットです。

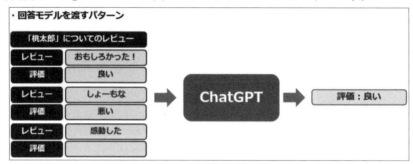

図A-3-3　「回答モデル」の例

　図A-3-4は「桃太郎についてのレビュー」の例です。「ChatGPT」に質問を投げる前に、質問の前にパターンを渡しています。

　パターンを渡すことで、「高評価なら"良い"、低評価なら"悪い"と返すんだな」というのを「ChatGPT」が理解します。

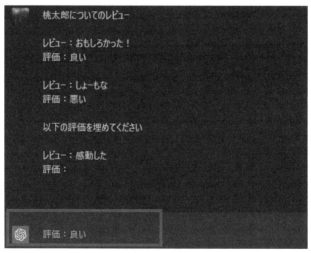

図A-3-4　「回答モデル」を渡すことで、求められている答え方を「ChatGPT」が理解する

　このように、パターンをあらかじめ渡すことで、そのパターンに沿った回答

をしてくれるようになります。

　こうすれば、回答が的外れな内容になったり、長々と文章で答が返ってきてしまうことを防げます。

■「ふるまい」を設定する

　「ChatGPT」は、「ふるまい」を設定することができます。

　ここでいう「ふるまい」とは、「ChatGPT」の「キャラ設定」のようなものです。

図A-3-5　「ふるまい」を設定する

　たとえば、単に「夜ごはんを考えて」と質問すると、次のような回答が返ってきました。

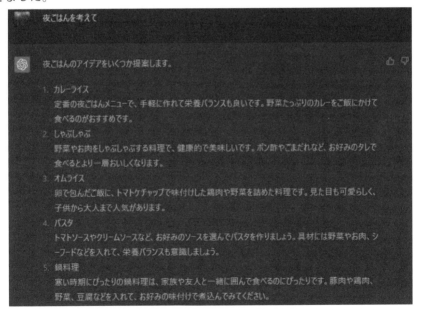

図A-3-6　「夜ごはんを考えて」に対する回答

かなり一般的というか、あたりさわりのないメニューが並んでいます。

しかし、節約家の人が質問をしてこのような回答が返ってきたら「思ったような回答が来ない。使えない！」と思ってしまうかもしれません。

*

次に、「ChatGPT」の「ふるまい」を設定してから質問を投げた結果です。

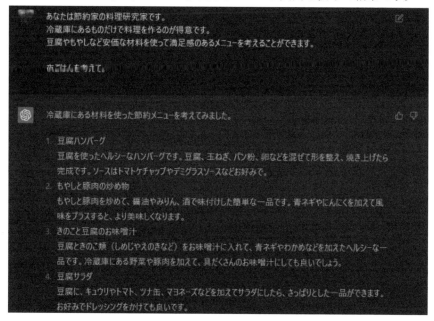

図A-3-7　「ふるまい」を設定してから質問してみる

「ChatGPT」のキャラ設定は、「節約家の料理研究家」です。

*

単なる「節約家」ではなく「料理研究家」と書いたのにも意味があります。

以下は、単に「あなたは節約家です」と書いたときの結果です。

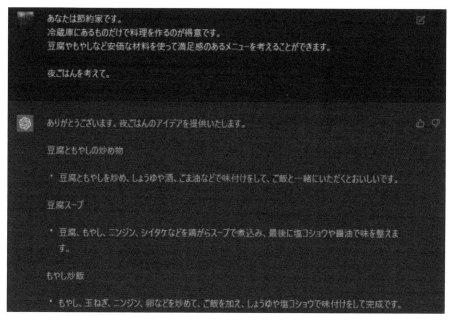

図A-3-8　節約家とだけ設定した場合の回答

　だいぶ質素なメニューになってしまいました。「もやし炒飯」はちょっとやりすぎ感が…。

　文章も先ほどより情報量が少ないです。

＊

　このように「ChatGPT」は、役職やポジションを設定することで、より専門性の高い回答や、詳しい回答を得やすい傾向にあります。

　どんな回答が欲しいのかを考えて、できるだけ「キャラ設定」を明確にすると、望んでいる回答に近づきます。

■例題を渡す

次に、「質問する前に例題を渡す」方法について解説します。

＊

こちらは、「計算問題」や「プログラミング」などの回答の精度を上げるのに有効です。

図A-3-9　例題を渡す

「ChatGPT」に、普段通りの質問方法で「給与計算」をさせてみます。

図A-3-10　給与の計算結果を質問する

「ChatGPT」からの回答は以下になりました。

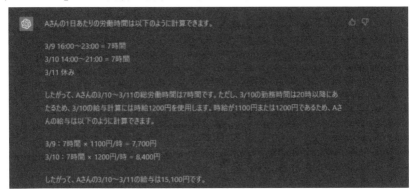

図A-3-11　「ChatGPT」からの回答（誤り）

2点間違いがあります。

・「3/10〜3/11の給与を求めよ」と質問したのに、3/9を含んでいる
・20時以降は時給が変わるのを反映できていない

*

そこで、以下のように例題を渡してから質問します。

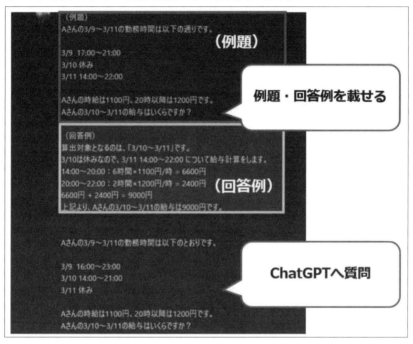

図A-3-12　例題と回答例を渡す

すると、以下の回答を得ることができました。

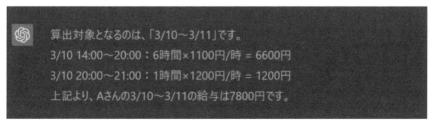

図A-3-13　正しい回答が返ってきた

　このように、計算問題であれば計算の過程を載せてあげたり、プログラミングであればサンプルコードを載せてあげるなど、「ChatGPT」に解き方を教えてあげてから質問をすると、単純に質問するよりも回答の精度を上げることができます。

＊

　本章では、「ChatGPT」の回答の質を上げる方法について解説しました。

　そもそも、言語モデルであるChatGPTには得手・不得手があること、質問の際に凡例をあわせて渡したり、質問文をなるべくシンプルにすることで、回答の質の向上につながることが分かりました。

＊

　「ChatGPT」は、単に「使えない」「嘘つき」なのではなく、使う側の「質問力」も試されているようです。

索引

五十音順

《筆者 & 引用元データ》

筆者および本書に掲載した記事の引用元サイトは以下の通りです。

筆者	杉山順平
サイト名	「じゅんぺいブログ」
URL	https://junpei-sugiyama.com/

筆者	chaso
サイト名	「prtn-blog」
URL	https://prtn-life.com/

筆者	まいちゃま
サイト名	「テクリエイト」
URL	https://mychma.com/

筆者	きょろ
サイト名	「AIワークスタイル」
URL	https://ai-workstyle.com/

筆者	吉元寿林
サイト名	「じゅりんHACK -IT情報館-」
URL	https://jyurin-hack.com/it/

筆者	上本敏雅
サイト名	「Tipstour」
URL	https://tipstour.net/

筆者	ナポリタン寿司
サイト名	「ナポリタン寿司のPC日記」
URL	https://www.naporitansushi.com/

(以上、掲載順)

本書の内容に関するご質問は、
① 返信用の切手を同封した手紙
② 往復はがき
③ FAX (03) 5269-6031
　（返信先のFAX番号を明記してください）
④ E-mail　editors@kohgakusha.co.jp
のいずれかで、工学社編集部あてにお願いします。
なお、電話によるお問い合わせはご遠慮ください。

サポートページは下記にあります。

［工学社サイト］
http://www.kohgakusha.co.jp/

I/O BOOKS

Chrome拡張×ChatGPTで作業効率化
ChatGPTの機能をGoogle Chromeに取り込むChrome拡張

2023年8月30日　初版発行　©2023

編　集	I/O編集部
発行人	星　正明
発行所	株式会社工学社
	〒160-0004　東京都新宿区四谷4-28-20 2F
電話	(03) 5269-2041 (代) [営業]
	(03) 5269-6041 (代) [編集]
振替口座	00150-6-22510

※定価はカバーに表示してあります。

印刷：シナノ印刷(株)　　　　　　ISBN978-4-7775-2264-4